中国语言文学文库·典藏文库

吴承学　彭玉平　主编

甲骨文田猎刻辞研究

陈炜湛 著

中山大学出版社
·广州·

版权所有　翻印必究

图书在版编目（CIP）数据

甲骨文田猎刻辞研究/陈炜湛著.—广州：中山大学出版社，2018.11
（中国语言文学文库·典藏文库/吴承学，彭玉平主编）
ISBN 978-7-306-06436-3

Ⅰ.①甲…　Ⅱ.①陈…　Ⅲ.①甲骨文—研究　Ⅳ.①K877.14

中国版本图书馆 CIP 数据核字（2018）第 210459 号

出 版 人：	王天琪
策划编辑：	嵇春霞
责任编辑：	嵇春霞　孔颖琪
封面设计：	曾　斌
版式设计：	曾　斌
责任校对：	刘梦瑶
责任技编：	何雅涛
出版发行：	中山大学出版社
电　　话：	编辑部 020-84110283，84111996，84111997，84113349
	发行部 020-84111998，84111981，84111160
地　　址：	广州市新港西路 135 号
邮　　编：	510275　传真：020-84036565
网　　址：	http://www.zsup.com.cn　E-mail：zdcbs@mail.sysu.edu.cn
印 刷 者：	佛山市浩文彩色印刷有限公司
规　　格：	787mm×1092mm　1/16　17.625 印张　298 千字
版次印次：	2018 年 11 月第 1 版　2019 年 9 月第 2 次印刷
定　　价：	66.00 元

如发现本书因印装质量影响阅读，请与出版社发行部联系调换。

中国语言文学文库

主　编　吴承学　彭玉平

编　委（按姓氏笔画排序）

　　　　王　坤　王霄冰　庄初升

　　　　何诗海　陈伟武　陈斯鹏

　　　　林　岗　黄仕忠　谢有顺

总　序

吴承学　彭玉平

中山大学建校将近百年了。1924 年，孙中山先生在万方多难之际，手创国立广东大学。先生逝世后，学校于 1926 年定名为国立中山大学。虽然中山大学并不是国内建校历史最长的大学，且僻于岭南一地，但是，她的建立与中国现代政治、文化、教育关系之密切，却罕有其匹。缘于此，也成就了独具一格的中山大学人文学科。

人文学科传承着人类的精神与文化，其重要性已超越学术本身。在中国大学的人文学科中，中国语言文学学科的设置更具普遍性。一所没有中文系的综合性大学是不完整的，也几乎是不可想象的。在文、理、医、工诸多学科中，中文学科特色显著，它集中表现了中国本土语言文化、文学艺术之精神。著名学者饶宗颐先生曾认为，语言、文学是所有学术研究的重要基础，"一切之学必以文学植基，否则难以致弘深而通要眇"。文学当然强调思维的逻辑性，但更强调感受力、想象力、创造力和语言表达能力。有了文学基础，才可能做好其他学问，并达到"致弘深而通要眇"之境界。而中文学科更是中国人治学的基础，它既是中国文化根基的重要组成部分，也是中国文明与世界文明的一个关键交集点。

中文系与中山大学同时诞生，是中山大学历史最悠久的学科之一。近百年中，中文系随中山大学走过艰辛困顿、辗转迁徙之途。始驻广州文明路，不久即迁广州石牌地区；抗日战争中历经三迁，初迁云南澄江，再迁粤北坪石，又迁粤东梅州等地；1952 年全国高校院系调整，始定址于珠江之畔的康乐园。古人说："艰难困苦，玉汝于成。"对于中山大学中文系来说，亦是如此。百年来，中文系多番流播迁徙。其间，历经学科的离合、人物的散聚，中文系之发展跌宕起伏、曲折逶迤，终如珠江之水，浩浩荡荡，奔流入海。

康乐园与康乐村相邻。南朝大诗人谢灵运，世称"康乐公"，曾流寓广州，并终于此。有人认为，康乐园、康乐村或与谢灵运（康乐）有关。这也许只是一个美丽的传说。不过，康乐园的确洋溢着浓郁的人文气息与诗情画意。但对于人文学科而言，光有诗情是远远不够的，更重要的是必须具有严谨的学术研究精神与深厚的学术积淀。一个好的学科当然应该有优秀的学术传统。那么，中山大学中文系的学术传统是什么？一两句话显然难以概括。若勉强要一言以蔽之，则非中山大学校训莫属。1924年，孙中山先生在国立广东大学成立典礼上亲笔题写"博学、审问、慎思、明辨、笃行"十字校训。该校训至今不但巍然矗立在中山大学校园，而且深深镌刻于中山大学师生的心中。"博学、审问、慎思、明辨、笃行"是孙中山先生对中山大学师生的期许，也是中文系百年来孜孜以求、代代传承的学术传统。

一个传承百年的中文学科，必有其深厚的学术积淀，有学殖深厚、个性突出的著名教授令人仰望，有数不清的名人逸事口耳相传。百年来，中山大学中文学科名师荟萃，他们的优秀品格和学术造诣熏陶了无数学者与学子。先后在此任教的杰出学者，早年有傅斯年、鲁迅、郭沫若、郁达夫、顾颉刚、钟敬文、赵元任、罗常培、黄际遇、俞平伯、陆侃如、冯沅君、王力、岑麒祥等，晚近有容庚、商承祚、詹安泰、方孝岳、董每戡、王季思、冼玉清、黄海章、楼栖、高华年、叶启芳、潘允中、黄家教、卢叔度、邱世友、陈则光、吴宏聪、陆一帆、李新魁等。此外，还有一批仍然健在的著名学者。每当我们提到中山大学中文学科，首先想到的就是这些著名学者的精神风采及其学术成就。他们既给我们带来光荣，也是一座座令人仰止的高山。

学者的精神风采与生命价值，主要是通过其著述来体现的。正如司马迁在《史记·孔子世家》中谈到孔子时所说的："余读孔氏书，想见其为人。"真正的学者都有名山事业的追求。曹丕《典论·论文》说："盖文章，经国之大业，不朽之盛事。年寿有时而尽，荣乐止乎其身，二者必至之常期，未若文章之无穷。是以古之作者，寄身于翰墨，见意于篇籍，不假良史之辞，不托飞驰之势，而声名自传于后。"真正的学者所追求的是不朽之事业，而非一时之功名利禄。一个优秀学者的学术生命远远超越其自然生命，而一个优秀学科学术传统的积聚传承更具有"声名自传于后"的强大生命力。

为了传承和弘扬本学科的优秀学术传统，从 2017 年开始，中文系便组织编纂中山大学"中国语言文学文库"。本文库共分三个系列，即"中国语言文学文库·典藏文库""中国语言文学文库·学人文库"和"中国语言文学文库·荣休文库"。其中，"典藏文库"（含已故学者著作）主要重版或者重新选编整理出版有较高学术水平并已产生较大影响的著作，"学人文库"主要出版有较高学术水平的原创性著作，"荣休文库"则出版近年退休教师的自选集。在这三个系列中，"学人文库""荣休文库"的撰述，均遵现行的学术规范与出版规范；而"典藏文库"以尊重历史和作者为原则，对已故作者的著作，除了改正错误之外，尽量保持原貌。

　　一年四季满目苍翠的康乐园，芳草迷离，群木竞秀。其中，尤以百年樟树最为引人注目。放眼望去，巨大树干褐黑纵裂，长满绿茸茸的附生植物。树冠蔽日，浓荫满地。冬去春来，墨绿色的叶子飘落了，又代之以郁葱青翠的新叶。铁黑树干衬托着嫩绿枝叶，古老沧桑与蓬勃生机兼容一体。在我们的心目中，这似乎也是中山大学这所百年老校和中文这个百年学科的象征。

　　我们希望以这套文库致敬前辈。

　　我们希望以这套文库激励当下。

　　我们希望以这套文库寄望未来。

2018 年 10 月 18 日

吴承学：中山大学中文系学术委员会主任、教授，长江学者特聘教授
彭玉平：中山大学中文系主任、教授，长江学者特聘教授

目 录

甲骨文各期田猎刻辞概述……………………………………… 1

有关甲骨文田猎卜辞的文字考订与辨析……………………… 31

关于甲骨文各期田猎地点及田猎中心的讨论………………… 48

甲骨文田猎刻辞选粹摹本……………………………………… 87

甲骨文田猎刻辞选粹释文……………………………………… 178

各期贞人所卜田猎卜辞辑录…………………………………… 237

有关引用书目及简称…………………………………………… 267

后　记…………………………………………………………… 269

甲骨文各期田猎刻辞概述

一、田猎刻辞数量的估计与分析

田猎，亦称"狩猎"，是历代商王经常性的活动之一。田猎虽然不像"祀与戎"——祭祀与打仗那么重要，但同"祀与戎"有着密切的关系，同样是商王十分关心的问题，行动之前，都要占卜一番。现存甲骨文中大量的田猎刻辞为我们了解当时商王的田猎活动、研究与田猎有关的各种问题提供了极为珍贵的第一手资料。

田猎刻辞是甲骨文中的重要内容之一，自甲骨文出土之日起，就为研究者注意。80余年来，学者们除在各自的论著里附带论及田猎卜辞、考释其文字、讨论有关问题外，做专题研究，以专文论述商王田猎活动的亦复不少，多有发现、创获。只是由于研究资料分散、残碎，未能集中，以往的论著大都偏重某些侧面，难做全面考察与综合论述。自《殷虚[①]文字丙编》（简称《丙》[②]，类推简称《甲》《乙》）《甲骨文合集》（简称《合》，中华书局1979—1982年版）及《小屯南地甲骨》（简称《屯南》，中华书局1980年版）等书陆续出版后，在分期断代的基础上对这一类卜辞（及其他各类卜辞）做全面、系统的研究与通盘的整理，已经成为可能，也显得十分必要了。

正如目前无法精确统计出土甲骨文的总数一样，要精确统计现有田猎刻辞的片数也几乎是不可能的。精确统计有很多困难，其中有重复的问题、碎裂的问题、散失（或尚未发表）的问题，需要去重、缀合、调查。这，我在《甲骨文简论》第一章里已详细地讨论过。所以，只能根据现有资料做番粗略的估计。我的估计是这样的：甲骨文迄今出土10万余片

---

① 殷虚：实为殷墟，商代后期的都城遗址，在今河南安阳小屯村及其周围。1899年，在这个地方发现甲骨刻辞。下同，不再标注。

② 书中有关引用书目的简称可参见本书第267～268页。

（详见《甲骨文简论》，胡厚宣先生《八十五年来甲骨文材料的再统计》一文则认为"国内外共收藏甲骨 154 604 片"），其中田猎刻辞约 4 500 片，相当于总数的二十分之一。4 500 片之中卜辞完整可读可资研究者约 3 500 片，重要并清晰可观者约 500 片。

估计的主要根据是《甲骨文合集》，其次是《小屯南地甲骨》。

《甲骨文合集》是著录甲骨文原材料的学术巨著。经过去重、缀合，凡 1973 年以前出土的甲骨文，稍有研究价值的大部分已集中于此。全书凡著录甲骨文 41 900 余片，按时代及内容编排为 13 巨册（第十三册为摹本），田猎刻辞即归入各期的"社会生产"大类内（称"渔猎畜牧"）。收入此书的田猎刻辞主要见于下列各册：

  第四册（第一期武丁）：
    10196～11422（片号，下同，不再标注）
    计 1227 片
  第七册（第一期附）：
    21586，21759～21765，22043
    计 9 片
  第八册（第二期祖庚祖甲）：
    24444～24607
    计 164 片
  第九册（第三期廪辛康丁）：
    28300～29684
    计 1385 片
  第十一册（第四期武乙文丁）：
    33359～33689
    计 331 片
  第十二册（第五期帝乙帝辛）：
    36984～37833
    计 850 片
  第十三册（摹本）
    第一期　40075～40076，40125（另有拓本），40126～40181
      计 59 片

第二期　40957，41075～41088
　　　　计 15 片
第三期　41345～41388
　　　　计 44 片
第四期　41544～41572，41650～41652
　　　　计 32 片
第五期　41801～41835
　　　　计 35 片

《小屯南地甲骨》著录甲骨4 536片（绝大部分为1973年在小屯南地发掘所得）。其中，田猎卜辞有286片，主要是康丁及武乙文丁时物（具体断代尚有争议）。

田猎刻辞除《合》《屯南》二书著录者外，许进雄《怀特氏等收藏甲骨文集》（简称《怀特》，加拿大1979年版）著录85片，松丸道雄《东京大学东洋文化研究所藏甲骨文字》（简称《东京》，日本1983年版）著录35片，李学勤等《英国所藏甲骨集》（简称《英集》，中华书局1985年版）著录112片，雷焕章《法国所藏甲骨录》（简称《法录》，利氏学社1985年版）著录5片，伊藤道治《天理大学附属天理参考馆藏品甲骨文字》（简称《天理》，日本1987年版）著录47片。这五部书著录的甲骨都是海外公私藏家所藏之物，有些以前发表过，与《合》会有重复。

若单从片数着眼，各个时期中田猎活动最频繁、现存卜辞最多的当然是第九册第三期，即廪辛康丁时期了，竟有1 600多片。其次是第四册第一期，即武丁时期，有近1 300片。再次是第十二册第五期，即帝乙帝辛时期，约900片。第十一册第四期武乙文丁时期很少，仅360余片；第八册第二期祖庚祖甲时期则最少，还不足200片。这一基本情况与史书记述颇有出入。《史记·殷本纪》于武丁以后，仅言"武乙猎于河渭之间，暴雷，武乙震死"；又说，帝辛（纣）"材力过人，手格猛兽"，"益广沙丘苑台，多取野兽蜚鸟置其中"。今本《竹书纪年》言及商王田猎之事者亦仅武乙与帝辛二人。其纪武乙田猎事在三十五年："周公季历伐西落鬼戎，俘二十翟王。王畋于河渭，大雷震死。"其纪帝辛田猎则有如下几次：①"四年，大蒐于黎，作炮烙之刑"；②"十年夏六月，王畋于西郊"；③"二十二年冬大蒐于渭"。二书对于武乙、帝辛以外诸王的田猎活动只字不提，这就给人一种观念，似乎商王好田猎者唯武乙帝辛二人而已。这一观念在甲骨文研究初期还曾使一些学者错误地认为田猎卜辞主要是武乙至帝辛时期所卜。例如，郭沫若1933年作《卜辞通纂》（简称《通纂》）时即认为，"唯卜辞记田猎者，其文字多出一人之手……好田猎之殷王乃帝乙也"；又说，他王同好田猎与否"未可知"。同年，董作宾发表的《甲骨文断代研究例》，以事类为断代的第七项标准，所论亦均武乙帝辛之田猎卜辞。董氏认为："周公所谓'生则逸'、好田猎的，也正以武乙帝辛的时代为最多。"由于根本没有想到廪辛康丁"好田游"的问题，结果把很多不是武乙的田猎卜辞也算到武乙的头上去了。现在把有关的材料集中在一起，究竟谁最好田猎、留下的卜辞最多，已是一目了然，也足可补正《史记》及《竹书纪年》的记述了。

又据今本《竹书纪年》，武丁在位59年，祖庚在位11年，祖甲在位33年，廪辛（冯辛）在位4年，康丁（庚丁）在位8年，武乙在位35年，文丁在位13年，帝乙在位9年（《太平御览》卷八三引《帝王世纪》称帝乙在位37年），帝辛在位52年。廪辛康丁在位时间最短，而现存田猎卜辞最多，更可说明此二王之于田猎"好"到什么程度了。

若再进一步将武丁与廪辛康丁时期的卜辞做一比较则可发现，虽然在数量上前者稍逊于后者，但前者多大块或整版甲骨，且多大规模的田猎活动；而后者则大块少而碎片多，所记田猎的规模也远不如前者。从《合》看，商代诸王之中，最好田猎者实乃"中兴之主"武丁，并非被暴雷震死的武乙，也不是末代君主帝辛。

武丁时期卜风最盛，现存卜辞几乎占了卜辞总数的一半（《合》第一至第六册均为武丁卜辞）。其田猎卜辞占此类卜辞总数的四分之一强。廪辛康丁卜辞编入合集的仅5 200余片，其中田猎卜辞占了近三分之一，占此类卜辞总数亦约三分之一。而夹在武丁与廪辛康丁时期中间的祖庚祖甲时期田猎卜辞却又少得可怜。其间原因何在，颇值得研究。是由于祖甲"革新"政治、减少卜事，故现存田猎卜辞少？还是由于武丁时期狂捕滥杀、竭泽焚林，致令祖庚祖甲时期不得不减少田猎活动，以使禽兽栖息繁衍？两种可能性似乎都存在，以常理推测，后者的可能性当更大些。而且，至为有趣的是，作为"第一期附"的卜辞（《合》第七册），卜田猎者仅9片，可谓微乎其微！这类卜辞的时代归属问题争论了几十年。现在从这类卜辞来考虑，似乎也有理由认为，陈梦家先生《殷虚卜辞综述》

（简称《综述》）将它们定为武丁晚期的观点是正确的；或可为此说添一佐证。武丁早期、中期田猎活动频繁、规模大、捕获多，到后来必然可猎之物越来越少；加以年事日高，田猎活动亦必大为减少乃至完全停止。"第一期附"中田猎卜辞稀少的现象与第二期情况正相连贯，可说是"巧合"，也可说是狂捕滥杀的一种必然后果。同样，廪辛康丁时代田猎卜辞很多，武乙文丁时期又很少，到了帝乙帝辛时期又再次多起来。综观武丁至帝辛200余年之间，诸王田猎活动的频率确是很不平衡：多→少→多→少→多，这一方面固然是由于"好"的程度不同，另一方面恐怕是由于受自然条件与客观规律制约的缘故。

这里需要说明一点，估计田猎刻辞为4 500片，只是就大体而言，许多细微末节尚未考虑在内。这确是"粗估"。就《合》而论，真要精确统计该书所著录的某类卜辞也颇困难。因为一版甲骨所契卜辞往往兼及若干类别，几类卜辞共见一版是常有的事，故《合》的分类也只是大体上的分类，存在着不少不易解决的矛盾。举例来说，《甲》第3914、3918片分明是田猎卜辞，屡言"王其田亡巛""王其田往来亡巛"及"王其田衣"，但不见于《合》的"社会生产"类，编者把它们归入"奴隶主贵族"类去了（即《合》9·27146、27459，意为《合》第九册第27146、27459片，余仿此）。同样，《甲》第3915、3916片整版卜辞以卜田猎为主，却归入"思想文化"的"鬼神崇拜"类（即《合》10·30757、30439），亦不见于"社会生产"。而"社会生产"的"渔猎畜牧"部分却又包含了不少仅卜祭祀用牲用牢之数的残碎甲骨，与田猎事并无多大关系。如《合》4·11275～11394，100余片（一期）；8·24508～24607，近百片（二期）；9·29426～29684，200余片（三期）；11·33577～33689，100余片（四期）；12·36984～37361，近400片（五期），即皆记牲牢之数，或卜几牢几牛，或仅记"牢又一牛"（五期尤多），事多关乎祭祀，而田猎卜辞的特征并不明显，如将这900余片剔除，就只有3 600片了。本书之所以仍估计为4 500片，则是因为：①《合》中"渔猎畜牧"类之外的各类甲骨中仍包含有田猎卜辞；②尚有35 000片左右的甲骨未发表（碎片居多，如据胡厚宣先生统计，则当有近10万片甲骨未发表）。其中，当亦有田猎卜辞。以三十分之一计算，亦得有千余片，足可充抵上述各期记牲牢的残碎甲骨之数。总的说来，10万多片甲骨文中约有4 500片田猎卜辞，这个估计可能是比较接近事实的，甚至是比较保守的。

二、各期田猎卜辞的特点与辞例的比较

从田猎卜辞的内容及形式来考察，自武丁至帝辛（纣），各个时期又颇不一样，各有特点。在叙述各个时期田猎卜辞的特点之前，先扼要交代一下本书区分各期田猎卜辞的前提——断代的问题，显然是必要的。

断代，是甲骨文研究的基础。早在 1933 年，董作宾便提出断代的十项标准（《甲骨文断代研究例》，刊《庆祝蔡元培先生六十五岁论文集》）。1956 年，陈梦家又进一步将其归结为三项标准（《殷虚卜辞综述》），从理论上说，10 万片甲骨文，都可"还它个原有的时代"了。但在实际上，如何运用这些标准来判断每片甲骨文的时代，却并不容易，学者间看法常有分歧。几十年来，自组、子组卜辞的时代归属问题，第三、第四期卜辞的区分问题，近年来所谓的"历组"卜辞的时代归属问题，还有贞人的供职期限问题，便都是学术界争论较大、迄今未能论定的问题。笔者认为，董作宾的断代学说基本上是正确的，经过陈梦家的调整、修订、补充，大体上可将全部甲骨文断代。《合》对各期甲骨文的断代编排主要依据董、陈之说，将自组、子组卜辞列为"第一期附"也是很慎重的做法。本书所述田猎卜辞，凡已编入《合》者，其时代归属悉依《合》（其有错误须加改易者除外）；《合》以外的卜辞则仿照《合》的处理方法予以断代，如所谓"历组"卜辞便归入武乙文丁时期，以求内部一致。这是讨论各期田猎卜辞内容与形式等问题的大前提。

按理说，随着时代的推移和人们认识水平与技术水平的不断提高，田猎的方式方法也应不断改进、提高，其效果日益显著，但实际上，似乎并非如此。田猎的方法与工具，虽隔 3 000 年，古今差异并不大，至于武丁至帝辛之间更是微乎其微了。只是由于时王对田猎活动的爱好程度不一、关心的重点有异，又由于各个时代占卜的习惯不一样、史官（贞人）及书手对卜事的态度也有认真严谨与马虎草率之别，故反映在卜辞里，从内容到形式，各个时期便各自有些引人注目的特殊之处，或云"时代的烙印"。现就《合》《屯南》《甲》《乙》《丙》等书所见，述之如次。

（一）武丁时期

此期卜辞事类繁多，内容丰富，就田猎卜辞而论，其田猎名称（或

云方法）之多，记述所获各类动物名称及数量之详尽，为各期之冠。然其田猎无定日，自甲至癸皆可出猎，亦不注重田猎地之占卜，所注重者大抵在于能否捕获、鬼神是否佑佐。就具体卜辞观之，前辞、命辞、占辞、验辞齐备者不甚多，常缺占辞，但前辞一般完整，均作"干支卜某贞"形式。此期从事过田猎事类贞卜的贞人有㱿、宾、争、亘、韦、永、自、取、我、子、余等20多人（详见本书《各期贞人所卜田猎卜辞辑录》）。不过，称"田""往田""田于某"者较少见，这类卜辞亦较简单，以卜能否擒获、是否顺利、有无灾祸者居多。例如：

乙未卜，翌丙申王田，获？允获〔鹿〕九。（《合》4·10309）
壬寅卜，㱿贞：王往田，亡巛？夒？（《合》4·10529）
壬午卜，宾贞：勿乎田于𥻂？（《铁》215·1）
壬戌卜，王贞：其令雀田于□，兄（祝）于祖乙？十一月。（《合》4·10567）
丙午卜，宾贞：王往出田，若？（《丙》126）
己丑，子卜贞：小王㠱田夫？（《库》1259）

而较常见的辞例是称"兽（狩）"、称"逐"、称"焚"，尤以称"兽"者为多，且记载田猎之结果——所获兽名及数量，我们可借以判断其时田猎之规模。例如：

戊午卜，㱿贞：我兽敉，毕（禽，即擒。下同）？之日兽。允毕，获虎一，鹿四十，狐百六十四，麑百五十九，蔺赤出双，二赤小□四□。（《合》4·10198，《丙》284）
〔戊寅卜〕，□〔贞：今〕日我其兽盂□允毕，获兕十一，鹿□七十出四，豕四，麑七十出四。（《合》13·40125）
□□〔卜〕，㱿贞：今日我其兽，出□兽，获，毕鹿五十又六。
贞：今日我其兽盂，□获兕十一，鹿□。（《合》4·10308）
〔辛未卜，□贞：翌壬申王〕其〔兽〕，毕？壬申允兽，毕，获兕六，豕七十出六，麑百出九十出九。
〔辛〕未〔卜，□贞：翌〕壬申王勿〔兽〕，不其毕？壬申兽，毕。

贞：王兽，隻？（《合》4·10407，《丙》423）

丁亥卜，宾贞：王往涉兽？（涉兽，当是渡河以事狩猎。）（《合》4·10602）

辛卯卜，争贞：我兽，下乙弗若？（下乙，武丁之称祖乙，此辞问商王外出兽猎，祖乙是否予以保佑。）（《合》4·10608）

戊子卜，争贞：勿涉兽？九月，在敦。（《合》4·10993，《安明》502）

☐兽，获虎一，豕☐出六。（《合》4·10200，《乙》2409）

甲骨文"兽"字多作" 、 、 "等形，从干（单）从犬会意；"干（单）"为田猎工具，"犬"为猎犬，持干驱犬出猎，为"兽"字本义，后又用以指所获的兽类，后又泛指野兽，遂另造从犬守声之"狩"字。"兽""狩"乃古今字，"狩"行而"兽"之本义渐晦。"兽"在武丁田猎卜辞中可说是总名。次于"兽"者为"逐"，所逐对象有豕、兕、鹿、麋等动物，或附记地名，或不记，逐而有获，则记兽名及数量。例如：

乙丑卜，亘贞：往逐豕，获？往逐替豕，允获☐。（《合》4·10227）

辛未卜，亘贞：往逐豕，获？之日王往逐在䮞豕，允获九。

贞：弗其获？（《甲》3339～3341）

王其往逐鹿，获？（《合》4·10292）

丙申卜，争贞：王其逐麋，冓？（《合》4·10345，《丙》88）

☐☐卜，亘贞：逐兕，获？〔王〕占曰：其获。己酉，王逐，允获二。（《合》4·10398）

贞：翌辛巳王勿往逐兕，弗其获？（同版有贞人宾。）（《合》13·40126）

贞：乎逐在醬鹿，获？

贞：弗其获？（同版有贞人宾。）（《合》4·10935）

戊子卜，宾贞：王逐集于沚，亡巛？之日王往逐集于沚，允亡巛，获集八。（《合》4·9572，《续存》下166）

丙戌卜，王：我其逐鹿，获？允获十。

丙戌卜，王：〚我〛不其获鹿？一月。

丁亥卜，王：我蚩三十鹿逐？允逐，获十六。一月。我蚩七鹿逐？七鹿不隋。（余略）（《合》4·10950，《丙》323）

丁未卜，王：其逐在蚰鹿，获？允获七。一月。

壬午卜，王：其逐在万鹿，获？允获五。

壬午卜，王：弗其获在万鹿？（余略）（《合》4·10951）

最值得注意者为逐鹿一事。后世有所谓"逐鹿中原"之喻，殊不知其始作俑者乃商王武丁也。此期卜逐鹿之辞颇多，且有成套卜辞反复占卜。如《合》4·10950、10951两例，武丁之喜获鹿，于鹿之极端重视，可以想见。再如关于"焚"的占卜，也多见于此期。例如：

翌戊午焚，擒？（《合》4·10198，《丙》284）

翌癸卯其焚，擒？癸卯允焚，获兕十一，豕十五，虎□，麂二十。

翌癸卯勿焚？

贞：甲辰焚？勿于甲？

于甲辰焚？〚勿〛于〚甲〛焚？（《合》4·10408，《丙》102）

翌戊子焚于西？（《丙》112）

所谓"焚"，是指烧草以猎兽，故有些研究者视之为田猎方法，而不将其看作田猎名称。

此期田猎卜辞中有不少卜辞既不言"田、兽、逐、焚"等田猎名称（方法），亦不卜田猎地，而仅占卜或附记是否有擒获，形式较为简单。例如：

壬午卜，宾贞：获虎？（《合》4·10199）

戊午卜，宾贞：王获？（《乙》279）

戊戌卜，贞：王隹擒？之日王允擒豕一，鹿□。（《合》4·10251）

□擒虎？允擒，获麋八十八，兕一，豕三十又二。（《合》4·10350，《契》410）

甲戌卜，王获？允获鹿五。
辛巳卜，王获鹿？允获五。
甲申卜，王获？
丙戌卜，王获？
☐王获咒？允获一。
辛未卜，王获？允获咒一，豕一。（余略）（《合》4·10410）
其获夒？（《说文》："夒，贪兽也。一曰母猴。"）（《合》4·10468）

成套卜甲为武丁卜辞的特点之一，这一特点在田猎卜辞中也有反映。《合》4·10655（《乙》2235）与4·10656（《丙》80）即为一成套龟腹甲的第一、第五版（其第二、第三、第四版尚未见），专卜"阱、罕"之事。阱，掘陷阱以田猎也，时王乃以一套腹甲（5枚）卜之，问能否擒获，对之重视程度实不亚于"祀"与"戎"也。这两版的卜辞均左右对贞，契于左右前甲。例如：

己卯卜，㱿贞：我其阱，罕？一
己卯卜，㱿贞：弗其罕？一（《合》4·10655）
贞：我其阱，罕？五
己卯卜，㱿贞：弗其罕？五（《合》4·10656）

"阱"字分别作"𦥑、𦥑"，稍有不同，且不记所"阱"之对象。但这类成套腹甲毕竟罕见，难做过多的推论。

（二）祖庚祖甲时期

如前所述，此期田猎卜辞数量很少，无论内容或形式，均较武丁时期大为简单。一般称"田"不称"兽"。关于猎获物及数量的记载极少见。卜辞重点只是在于有无灾祸，故每辞均有"亡巛"或"往来亡巛"之语。常见的文例是"干支卜某贞王其田亡巛"，或记地名、月份，则辞末称"在某月在某卜"，月名前多有"在"字。例如：

乙未卜，行贞：王其田，亡巛？在二月，在庚卜。

丙申卜，行贞：王其田，亡𡿧？在庆。(《合》8·24474，《后》上11·2)

壬子卜，行贞：王其田，亡𡿧？在二月。(《甲》2828)

戊申〖卜〗，出贞：〖王〗其田，〖亡〗𡿧？

戊午卜，出贞：王其田，亡𡿧？

戊戌卜，出贞：王其〖田〗，亡𡿧？(余略)(《甲》2679)

或不记贞人名而称"王曰贞"，则命辞部分不再称王；或称"田于某"，则辞末不再记"在某卜"。例如：

丁丑卜，王曰贞：翌戊〖寅〗其往田，亡𡿧？不冓雨？

庚申卜，王〖曰〗贞：翌辛酉其田，亡𡿧？(《合》8·24501)

庚午卜，王曰贞：翌辛未其田，往来亡𡿧？不冓因？兹用。

庚午卜，王曰贞：毋田？(《合》8·24502)

乙酉卜，旅贞：王其田于囗，往来亡𡿧？在一月。之乙酉乡(彤)于祖乙囗。

囗未卜，旅贞：王其田于来，亡𡿧？二月。(《合》13·40957)

辛酉卜，旅贞：王其田于麦，往来亡𡿧？在十月。(《珠》404，《通纂》别二4·6)

戊寅卜，囗贞：王其〖田于〗陼，亡𡿧？在四月。

戊午卜，旅贞：王其于陼，亡𡿧？(此辞"其"下遗刻一田字)

戊辰卜，旅贞：王其田于陼，亡𡿧？(《合》8·24457)

辛未卜，**坚**贞：王其田于斿？

乙亥卜，**坚**贞：王其田，亡𡿧？(《美录》60)

乙酉卜，**坚**贞：王其田于宫，亡𡿧？在五月。(《美录》56)

武丁时屡见之逐、毕、获等方面的占卜在此期已极少见。兹各举一例如下：

乙巳卜，出〖贞〗：王行逐囗？

乙巳卜，出贞：逐六兕，毕？(《合》8·24445)

癸亥卜，大、即：王其田，毕？(《甲》1274)

癸卯卜，王曰贞：获？
甲辰卜，王。(《合》8·24448)

从《合》所辑百余片田猎卜辞看，此期田猎之日虽仍未有固定，但已渐带倾向性。诚如松丸道雄所指出，此期逐渐形成了在乙、戊、辛三日从事田猎的风气（松丸道雄《关于殷墟卜辞中的田猎地》，简称《田猎地》）。上述各例，正好可以说明这一点。自《合》8·24474至《合》8·24448，共十三例，二十二辞，卜日为乙者六辞，卜日为戊或卜戊日出田者七辞，卜日为辛或卜辛日出田者四辞，三者占了十七辞，其余丙日、壬日各一辞，癸日二辞，卜日不明者一辞。

（三）廪辛康丁时期

廪辛、康丁二王在位时日短暂，但现存田猎卜辞极多。虽无武丁时期壮举，亦无成套甲骨留存，但其选地、择时、卜吉，其频繁与重视程度非武丁可比。此期也常见以整版大腹甲卜田猎事。二王最关心的是田猎全过程中的安危吉凶，故"湄日亡巛"（意即"终日无灾"）为此期卜辞之常用语。"巛"又多作从戈才声的 (戋)，为前二期所未见。辞例形式多样，其常见的形式为"王其田（往来）亡巛""王其田某（湄日）亡巛""王其田叀干支（湄日）亡巛"（择时）、"翌日干支王其田某湄日亡巛"（择时或择地）、"王叀某田湄日亡巛""叀某田亡戋"（择地）等。辞侧又常记兆语，即兆侧刻辞，如"吉""大吉"。其例如下：

戊申卜，允贞：王其田，亡巛？
壬子卜，允贞：王其田，亡巛？(《合》9·28433)
壬午卜，狄贞：王其田，往来亡巛？
戊辰卜，狄贞：王其田，往来亡巛？
戊午卜，□贞：王其田，往来亡巛？(《合》9·28466)
辛亥卜，狄贞：王田盂，往来无巛？(《佚》288)
丁亥卜，狄贞：其田禽，叀辛？湄日亡巛？不雨？
贞：翌日戊王其田盂，湄日亡巛？(《甲》1650)
翌日乙王其田，亡戋？吉。(《合》9·28457)
丁卯卜，贞：翌日戊王其田，亡戋？(《合》9·28459)

庚申卜，翌日辛王其田，湄日亡𢦔？（《合》9·28508）
王其田盂，至麋，亡𢦔？（《合》9·28905）
己巳卜，狄贞：王其田，虫辛，亡𡆥？
己巳卜，贞：王其田，虫壬，亡𡆥？
己巳卜，犬（狄）贞：王其田，虫乙，亡𡆥？
……
庚午卜，狄贞：王其田，虫乙，亡𡆥？吉。
庚午卜，狄贞：虫戊，亡𡆥？（《甲》3914，《合》9·27146）
甲辰卜，狄贞：王其田，虫翌日乙，亡𡆥？
甲辰卜，狄贞：虫翌日戊，亡𡆥？
甲辰卜，狄贞：虫壬，亡𡆥？（《甲》3915，《合》10·30757）
壬子卜，王其田？
戊午卜，贞：王其田，往来亡𡆥？
……
庚申卜，狄贞：虫辛田？
庚申卜，贞：虫壬田？（《甲》3918，《合》9·27459）
王虫楚田，湄日亡𢦔？
虫𣲺〔田〕，湄日〔亡〕𢦔？（《合》9·29232）
王虫溇田，湄日亡𢦔？
虫盛田，湄日亡𢦔？（《屯南》762）
虫牢田，亡𢦔？
虫徣田，亡𢦔？（《合》9·28789）

这个时期田猎卜辞还常见"今日干支王其田不冓（大）雨（风）"及"于干支王迺田"的形式，亦为前二期所未见者。例如：

乙丑卜，狄贞：今日乙王其田，湄日亡𡆥？不冓大雨？大吉。（《甲》1604）
〔戊〕□卜，今日戊王其田，不冓雨？兹允不☒（《合》9·28535）
今日辛王其田，不冓雨？（《合》9·28539）
今日辛王其田，不冓大风？（《合》9·28556）

今日壬王其田，不冓大雨？吉。大吉。(《合》9·28545)
于壬王廼田，亡戋？(《合》9·28609)
于翌日壬王廼田，亡戋？(《合》9·28611)
于壬辰王廼田，亡戋？毕？(《合》9·29302)
于壬王廼田，不雨？(《合》9·28618)
于壬王廼田，湄日亡戋？衍。(《怀特》1432)

从上述文例看，此期田猎活动更显得有习惯性日子，一旬之中，乙、戊、辛及壬四日似乎是固定的田猎日。称"今日"田猎者，乙、戊、辛、壬四者必居其一。而称"廼田"者则几乎全是在壬日（"于壬"），这是与前二期卜辞的显著区别之一。

此期亦常见关于"射"与"逐"的占卜，其后往往地名兽名连言，称"射（逐）某地鹿（麋、兕、狐）获（毕）"。例如：

戊王其射闪狐，湄日亡戋？毕？吉。
其乎射闪狐，毕？大吉。(《合》9·28318)
弜射㚔鹿？王其田㚔，不冓大雨？(《合》9·28351)
王其逐㚔麋，湄日亡戋？
弜逐㚔麋，其每？(《合》9·28370)
弜逐㝬麋，其每？
王其东逐㝬麋，毕？其北逐，毕？(《合》9·28790)
庚申卜，贞：王虫麦麋逐？(《甲》3918)
□寅卜，王其射敤白狐，湄日亡戋？(《屯南》86)
王其涉滴，射䴏鹿？(《屯南》256)

又有卜"射又豕"（《合》9·28305）和"射又鹿"（《合》9·28339）者，亦为前二期所未见。

此期田猎亦偶称"兽（狩）"，但极简单，仅言"其兽亡戋"（《合》9·28347、28640、28780）或"其兽不雨"（《合》9·28776），与武丁卜辞言兽而详记结果者大异。又或田兽连言，称"王其田兽，亡巛（戋）"（《合》9·28771～28773，《屯南》226、2114），则为其余各期所未见，此殆后世畋猎一语之滥觞。

(四) 武乙文丁时期

此期卜辞与康丁卜辞颇不易分辨，故陈梦家有"康武文卜辞"之说（即将康丁与武乙文丁卜辞归为一组）。当然，利用标准片，一般还是可以区分的。《合》的编排除个别骨片或许欠妥外，总的来说是正确的，可信的。

此期田猎卜辞之前辞（序辞）均无贞人名，多作"干支贞""干支卜"，亦作"干支卜贞"形式，命辞内容也较前期为简单，并无独特之文例，以"王往田亡戋""王其田亡戋""王其田某（地）亡戋""叀某（地）田亡戋"等形式较常见。值得注意的是，此期田猎之日较廪辛康丁时期更为固定，基本上不出乙、戊、辛、壬四日。这从连续若干旬占卜田猎事的卜骨上可以看得很清楚。例如：

乙酉卜，王往□。
……
辛卯卜，〖王〗往田，亡戋？
壬辰卜，王往田，亡戋？
戊戌卜，王往田，亡戋？
王往田，亡戋？（《屯南》997）

此片契卜辞多条，有干支可辨者，唯乙、辛、壬、戊四者，前后历十四日。

辛丑卜，王往田，亡戋？不雨？
辛亥卜，王往田，亡戋？不雨？
……
戊午卜，〖王〗往田，亡戋？
辛酉卜，王往田，亡戋？（《合》11·33430）

此片契田猎卜辞四条，历时三旬，卜日为辛、戊二日，命辞均称"王往田，亡戋"。

戊申〖卜〗，贞：王其〖田〗，亡𢦏？
辛亥卜，贞：王其田，亡𢦏？
壬子卜，贞：王其田，亡𢦏？
乙卯卜，贞：王其田，亡𢦏？
戊午卜，贞：王其田，亡𢦏？（《合》11·33468）

此片存五条卜辞，十一日之内，五次占卜"王其田，亡𢦏"，卜日分别为戊、辛、壬、乙。

辛巳〖卜〗，贞：王其田向，亡𢦏？
壬午卜，贞：王其田丧，亡𢦏？
乙酉卜，贞：王其田向，亡𢦏？
戊子卜，贞：王其田盂，亡𢦏？
辛卯卜，贞：王其田丧，亡𢦏？
壬辰卜，贞：王其田向，亡𢦏？
乙未卜，贞：王其田丧，亡𢦏？（《合》11·33542）

此骨残存七辞，历时半月，卜日干支不出乙、戊、辛、壬，且依次贞问，很有规律。

此期卜辞屡见有"犬"参与田猎事（犬为殷代专司田猎之官），为其他各期所无。例如：

□丑卜，犬来告又（有）麋，王其匕从𦊒？（《合》11·33361）
乙酉卜，犬来告又鹿，王往逐？（《屯南》997）
其从犬口𢎥又狐？兹用，允𢎥。（《粹》924）
王叀犬从，亡𢦏？其从犬，𢎥？（《粹》925）
戊辰卜，在𡏡：犬中告麋，王其射，亡𢦏？𢎥？（《粹》935）

"口、中"为犬官之名，"来"似亦同例，为犬官名，而未必是前来之来也。《粹》924、925、935字体较纤细，与《合》11·33361、《屯南》997稍异。然自文例观之，当亦此期之物。

武丁时常见的逐兕、阱，此期亦偶见占卜，如《屯南》663、664及

《合》11·33374等片即是。

(五) 帝乙帝辛时期

此期田猎卜辞的显著特点有三：①称"田"不称"兽"，且"田"下紧接地名，称"田某"或"田于某"，二者同时并存而意义相同；②辞较完整，前辞、命辞、占辞、验辞四者具备者常见，且占辞多作"王占曰：吉"，验辞多称"兹御"并记所获兽名及数量；③字体纤细秀丽，"灾""王""占""御"等字写法很特别，一望即知其为帝乙帝辛卜辞。至于田猎日期的占卜，与前期相仿，不过又增加了丁日。十日之中便有五日为田猎日。下面略举数例，以见一斑。

　　壬寅卜，贞：王田牢，往来亡巛？王占曰：吉。兹御，获虎一，狐六。(《合》12·37362)

此为右胛骨，上契卜辞七条，皆卜田猎事。这是结构最完整的一条，其余五条无验辞。另一条残，不知田猎地，但记有所获的虎狐之数。

　　戊戌王卜，贞：田鸡，往来亡巛？王占曰：吉。兹御，获狐囗。
……
　　戊申卜，贞：田𤉲，往来亡巛？王占曰：吉。兹御，获兕六，狐囗。
　　壬子卜，贞：田牢，往来亡巛？王占曰：吉。兹御，获兕一，犬一，狐七。
……
　　戊午王卜，贞：田𦥑，往来亡巛？王占曰：吉。兹御，获兕一，犬一，狐一。(《合》12·37363)

此片计八辞，均卜田猎事，唯此四辞称"兹御"而有获。其余但言"王占曰：吉"而已，不称"兹御"，亦无所获。

　　囗囗卜，贞：王田于鸡，往来亡巛？〖王占曰〗：弘吉。兹御，获狐八十又六。(《合》12·37471，《佚》547)

"田于鸡"即"田鸡",均为至鸡这个地方田猎之意。

有些卜辞省却占辞,或省去"兹御",或二者均省去,仅记所获兽名及数量。这类卜辞与第三、第四期颇相似,可以字体风格别之。例如:

戊午王卜,在羌贞:田旧,往来亡巛?兹御,获鹿、狐。(《合》12·37434)

壬子卜,贞:王田于斿,往来亡巛?兹御,获麂十一。(《合》12·37460)

壬子王卜,贞:田樊,往来亡巛?王占曰:吉。获鹿十。(《合》12·37403)

戊午王卜,贞:田盂,往来亡巛?王占曰:大吉,获狐五。(《合》12·37462)

丁亥卜,贞:王田晢,往来亡巛?舝□获狐十八,兕二,雉五。(《合》12·37367)

壬午卜,贞:王田梌,往来亡巛?获隹百四十八,兕二。(《合》12·37513)

由此可见,时王外出狩猎,并非一定要有"吉"兆才采取行动,也并非只有"兹御"一语才说明时王真的采取了行动。当然,既称"兹御",必定行动;但不称"兹御",也未必不行动。

此期亦常有"今日王田某(地)"的占卜,不过"今日"之下不附干支名,与廪辛康丁时期异。例如:

戊辰卜,贞:今日王田辜,不遘雨?(《合》12·37647)
戊辰卜,贞:今日王田晢,湄日不遘雨?(《合》12·37714)
戊申卜,贞:今日王田羌,不遘雨?兹御。(《合》12·37742)

无论卜辞文例如何变化,此期田猎卜辞几乎都有"王"出现,"王"或亲自"卜""贞",或亲自"占",或自卜自占,或见于命辞,言"王田某,如何如何"。此外,本期还有大量的"王迟(过)"卜辞,常有猎获物及数量的记述;又有"步",言"王步""步于某"等,亦偶见获得之兽名及数量之例,均与田猎活动关系较为密切,值得注意(详见本书

《有关甲骨文田猎卜辞的文字考订与辨析》)。

除上述特点外,此期田猎卜辞还有一个"䍩",不见于以往各期:

戊午卜,在潢贞:王其䍩大兕,蚩𤉨眔𩡱,亡𤉲?𢦏?
蚩䮻眔骛子,亡𤉲?
蚩左马眔𩡱,亡𤉲?
蚩𩡱眔小𩡱,亡𤉲?
蚩𩡱眔𩡱,亡𤉲?
蚩并𩡱,亡𤉲?(《合》12·37514,《通纂》730)

辞既称"䍩大兕",又问是否"亡𤉲",能否"𢦏","䍩"显系田猎名称或方法之一,惜䍩字不能确释而知其详。郭沫若曰:"此六段卜辞乃同时所卜,其次由下而上,即戊午之日将䍩大兕,卜用何种马匹也。"其说甚是。

三、非卜辞中的田猎刻辞

甲骨文绝大部分是卜辞,非卜辞——与占卜无关的甲骨文只是少数。非卜辞中有一部分是纯粹的记事刻辞,用极简短的文字记述商王的一些重要活动。目前所见的这类记事刻辞,大部分是帝乙帝辛时物,而且主要是田猎刻辞。这些田猎刻辞虽然数量不多,但由于是记叙体文字,对于了解商王的田猎活动同样是很重要的资料,具有很高的学术研究价值。

非卜辞中的田猎刻辞可分为两类:一类刻在兽头骨上,一类刻在兽肋骨或其他部位的骨上。现分别介绍之。

兽头骨刻辞现存三件,都是前中央研究院历史语言研究所第三次科学发掘所得,实物现藏台湾,拓本编入《殷虚文字甲编》(《甲》3939~3941)。一件是兕头骨刻辞,可惜已残碎,有些字难以辨认,不过所记为田猎事是肯定无疑的。辞曰:

〖王田〗于倞录,获白兕,叔于□在二月,隹王十祀,肜日,王来正盂方白□(《甲》3939,《合》12·37398)

"兕"字作"𠂤"。初出土时由于误释为"麟",董作宾特地写了篇很长的文章《"获白麟"解》(《安阳发掘报告》第二期,见《董作宾全集》第二册),后唐兰作《获白兕考》(《史学年报》第四期)始确释为"兕(累)"字。"彔"即"麓","惊彔"即惊山之麓。董作宾作《殷历谱》时定此骨为帝辛十祀二月所刻。如是,刻辞大意是说,帝辛十年二月征讨盂方白,在惊山之麓开展田猎活动,捕获一头白犀牛,于是祭祀先祖,以资庆祝。最后还用这白兕的头骨来记述这一历史事件、这一次值得纪念的成功。

另外两件是鹿头骨刻辞,亦均残损,其辞录之如次:

戊戌王莪田☐文武丁祊☐王来正☐(《甲》3940)
己亥王田于羌☐在九月,隹王十〖祀〗☐(《甲》3941,《合》12·37743)

"莪"即蒿,地名;"蒿田"疑为"田蒿"之倒文,意谓在蒿地田猎。以"王来正……"推之,《甲》3940 所记当是王(帝辛?)征人方途中在蒿地田猎,而后祭祀先祖。《甲》3941 之"羌"作"𦍒",为晚期写法,乃用作地名之羌。"田羌"一语,卜辞屡见,如前引《合》12·37742 及《合》12·37400、37403,即是其例,"羌"作"𦍒、𦍌"结构与此同。此辞"王"下有残笔作"丨",当是"十"字之上半,依通例,"王"下所缺为"十祀"二字。则此次田猎活动为帝乙或帝辛十年九月己亥日举行的。

记述田猎活动的兽骨刻辞现存三件。两件为兕肋骨,一件为虎膊骨。兕肋骨拓本首次著录于《殷契佚存》(简称《佚》),均正面镂刻花纹,镶嵌绿松石,背面刻文字。

辛巳王刿武骔☐获白兕,丁酉☐(《佚》427)

商师锡永先生释曰:"辛巳获白兕,丁酉用之,相隔十六日,字中嵌松石。疑为兕骨,治以为柶,以旌田功,非用具也。"

壬午王田于麦(季)彔,获商戠兕。王易(锡)宰丰寴,小𤉲兄。在五月。隹王六祀,彡(肜)日。(《佚》518。《佚》426 与此

同文，仅存半截）

"麦"字从禾，与从来之"麦"同意。"麦录"即为麦山之麓。商师读"商"为"赏"，谓"丰宴"为宰官之名，"小𥁕"为祝官之名。炜湛谨按："宰丰宴，小𥁕兄"六字颇不易解，"宰、祝（兄）"倘系官名，措辞理宜称"宰丰宴，兄（祝）小𥁕"，方前后一致，不应如此错乱。郭沫若《宰丰骨刻辞》（《古代铭刻汇考·殷契余论》）一文亦谓此语"颇费解"。他说："'𥁕兄'自是联语，由二字联列之声类以求之，当是兕觵之借字。觵有容五升容七升之说，存世兕觵亦大小不等，故此铭有'小𥁕兄'之称。准此，则宴字乃假为歂矣。"近年丁骕《骨栖刻辞释》（《中国文字》新二期）一文亦以宰丰连读，以"宴"为"寝"，"此或为王赐宰封燕食于寝，或直是赐宰封小宅第也"。又谓小𥁕兄"相当于后世之'小拜'或'小稽叩'三字"，"乃《小雅·楚茨》'小大稽首'而言谢之意也"。二者均能自圆其说，但也都有想当然的性质在内。关键是"小𥁕兄"，读"兄"为"觵"、为"叩"，都难令人信服，此六字还须继续研究，以求有一合情合理的解释。总括此骨刻辞大意是说，殷王帝辛（帝乙？）六年五月壬午之日，在麦山之麓打猎，获得黄兕（犀牛），于是分赏群臣，以作纪念，并为此而举行祭祀，庆祝田猎之成功。这是一段完整的叙事文字。

虎膞骨刻辞一件，为加拿大人怀特所得，现藏加拿大安大略博物馆。最初以照片并摹本著录于《古代中国骨之文化》（英文，多伦多大学出版社1945年版）。1979年，许进雄又以拓本著录于《怀特氏等收藏甲骨文集》，辞亦完整可读：

辛酉王田于鸡录，获大𡆥虎。在十月。隹王三祀，肜日。（《怀特》1915）

经鉴定，此为老虎的右上膞骨。安大略博物馆所藏商代雕有图案的精美虎骨不少，有字者唯此一件。骨之一面雕刻有精美图案，另一面刻字，且镶有绿松石。"鸡录"即鸡山之麓，卜辞屡见"田鸡""田于鸡"的占卜，所获以狐为多（例见前），此言获虎，非同一般，是得大书一笔了。但"𡆥"字不详其义。这段文字的大意是说，商王（帝乙或帝辛）三年十月辛酉这一天在鸡山之麓打猎，追逐成功，捕获一头大老虎，于是举行"劦"祭，以资庆祝。

甲骨文非卜辞的存在，证明商代除卜辞之外确还另有记史叙事之文，史官并非仅以占卜为务。而上述田猎刻辞，或契诸兽头，或镌于兽骨，为数虽不多，亦足为田猎卜辞之补充，二者可互相印证。而且，这些记事刻辞还说明，商王及其臣工们捕获到野兽后，除食其肉、寝其皮之外，还要契其骨，以旌田功，而资纪念。这大概也是当时的一种风尚吧。可惜的是，这类刻辞目前所见甚少，其数量与卜辞无法相比。

四、田猎方法与工具的探讨

商代人打猎，究竟有哪些方法？使用哪些工具？要确切回答这些问题是极为困难的，甚至是不可能的。由于文献记述的缺乏，只能从甲骨文本身加以推求，而卜辞中有些字又不能确知其义，只是笼笼统统地知道它们与田猎方法有关而已，故我们现在充其量只能知道个大略的轮廓罢了。

在这方面，黄然伟《殷王田猎考》（《中国文字》第十四至十五册）与姚孝遂《甲骨刻辞狩猎考》（《古文字研究》第六辑）二文均有相当长的篇幅予以论述。黄文之第二部分"田猎之方法"，将"殷王田猎所用之方法，见于卜辞者"归纳为焚、射、阱、罟、逐、网、罗、䍐、畢、䍙、㓙、徽十二种。姚文称田猎方法为手段，其第一部分即为"狩猎手段"，分"设陷阱以猎"（㐄、𡙻、鹵、圂、罙），"设网罟以猎"（网、罝、罱、隻），"利用弓箭以猎"（射），"围猎"（狩、逐、焚、蓺），及"其他"（匕、敫、塱、虢、执）五项论述。二文所论各有侧重，但有些具体问题也不是没有商榷的余地。总的来说，有关商代田猎方法与工具的问题，这两篇文章互为补充，基本上是讲清楚了，读者可以参看。这里只是在此二文的基础上，再就有关问题做些说明和探讨。

（一）田猎方法与田猎规模的关系

商代田猎采取的方法，或云方式或手段，与出动人数之多寡、规模之大小很有关系。一般而论，田猎方法主要有射、逐、阱、焚四种，它们的区别不仅在于所使用的工具、采取的手段，而且还在于行动的规模。"射"即以弓矢射杀禽兽，较为简单，是小规模田猎时用的方法，遇有禽兽即张弓注矢而射之。甲骨文"射"字作"↔、↔"，正象张弓放箭之形。《礼记·月令》说："是月也命将讲武习射，御角力，执弓挟矢以猎。"《诗·小雅·吉日》曰："既张我弓，既挟我矢，发彼小豝、殪此大兕。"讲的都是以"射"为主的田猎活动。射，当是人类最古老的狩猎方法。据考古学家在山西朔县峙峪村旧石器时代后期遗址里发现的石箭头（石镞）推测，3万年前就有弓箭了（贾兰坡：《什么时候开始有了弓箭》，《郑州大学学报》1984年第4期）。卜辞关于射的占卜，大多指明每次要射的某种动物，如狐、鹿、麋、豕、兕等，而验辞所记捕获的数量亦较少，有时只能获得一两头（如《后》上30·13："射鹿，获一。"）可见，这是小规模、小范围的田猎活动。相比之下，"逐"的规模就要大一些。"逐"即追逐、驱逐，字作"🐾、🐾"等形，正象追赶野兽之状。从《合》9·28789所言"自东西北逐杏麋"等例分析，当时常取合逐（或云围逐）形式，攻其三面，逼其逃向一面而捕获之。这样做，范围更大，参加的人数更多，所获数量也多一些。像常见的"逐鹿（麋）"一事，有时一次可获10头以上（例见前）。阱，即掘好了陷阱、张好网罟以擒获野兽，规模比"逐"还要大些。擒获的野兽以鹿麋为多，一次可达200头以上。例如：

壬申卜，㱿贞：虫牢麋？丙子阱，允隻二百尘九。一□（丙子为壬申后第五日）（《合》4·10349，《前》4·4·2）
丙戌卜，王阱，隻？允隻三百又四十八。（《后》下41·12）
丙戌卜，在箕：丁亥王阱，允隻三百又四十又八。（《屯南》663）

甲骨文"阱"字作"🔲、🔲、🔲、🔲"等形，此字之释读尚有争议，或分析为数字，但其意为穿地以陷兽则无异词。运用阱的方法，一次捕得二三百头野兽，则其设阱范围之广及所需人力之众可以想见。这种田猎方法，与战争中埋竹签桩、掘陷阱（特别是在丛林地带）以制敌并无二致。其规模超过"射"与"逐"是显然的。当然，它还比不上另一种田猎方法：焚。所谓"焚"，就是烧田，"烧宿草以田猎"（王筠《说文句读》语），焚烧山林，使野兽无处藏身，而后再辅以其他手段（如射、逐、阱）捕杀之。这种方法，可说是大规模的集体行动，对某一地区的野兽施行围剿性捕杀，有点像竭泽而渔，志在全得。从现存卜辞看，武丁与康丁时期常用此法，武丁卜辞还常记"焚"的结果，如《合》4·10198、10408都足以令人惊讶。特别是《合》4·10198，即《丙》284，一次捕获1只老虎、40只鹿、164条狐狸、159只小鹿（麑），还有其他一些现在不能确知其名的野兽，其种类之多、数量之大都是卜辞中少见的。这次田猎，从准备到出猎前后共九日。先于庚戌日卜，"翌辛亥王出"，后又于丁巳卜，"翌戊午焚，擒"，问以焚的方法田猎，是否能擒获。大概是得了吉兆，于是决定在戊午之日"兽"，果然大有所获。姚孝遂同志把这次田猎方法看作"兽"，并说"兽（姚文称"狩"）为围猎的某种形式，其具体内容尚有待于进一步的追索"。其实，从整版卜辞考察，前后关系是清楚的。"兽"是田猎名称，其义犹如"田"。这次田猎的成功，足可见"焚"这种方法规模之大、收效之烈，远非前三种方法所可比拟。

（二）田猎名称与方法（手段）的关系

两者区别似乎不很严格，很难找到一条绝对的界限。前引黄然伟《殷王田猎考》文将田猎卜辞分为九类，即田、省、兽、狼、步、逐、射、焚及其他。其中逐、射、焚三者该文亦列入田猎方法。姚孝遂又将兽（狩）列为田猎方法。从卜辞看，或卜具体的田猎方法，或卜田猎时有无灾祸，是否有获（例见前），这是大多数；也有少数卜辞是田猎名称与方法并举的，明显的例子是第五期的"王田衣，逐，无灾"的卜辞。例如：

戊辰卜，在羌贞：王田衣，逐，亡巛？（《京都》2865）
戊寅卜，在高贞：王田衣，逐，亡巛？（《前》2·12·3）

二辞是问王在"衣"（地名）打猎，用"逐"这种方法，有无灾祸（有的学者将"衣逐"连读，解释为合逐，可商，详见另文）。"田"与"逐"并见一辞之例亦见于第三期卜辞：

戊午卜，贞：王其田衣，逐，亡巛？（《甲》1549）

其次如"田"与"射"共见一辞：

王其田斿，其射麋，亡巛？擒？（《合》9·28371）

此言王要到斿地田猎,方法是射,目标是麋,问有无灾祸,能否捕获。这类卜辞的重点是占卜用某种方法(手段)去捕获兽类是否合适。还有这样的情况:商王连续贞问田猎事,一版之上依次契刻若干条田猎卜辞,或言田猎名称,或卜田猎方法,二者共见于一版。除前引《合》4·10198大龟腹甲外,又如:

  其兽,亡戋?
  弜射斿鹿?
  王其田斿,不冓大雨?(《合》9·28347)
  叀牢田,亡戋?
  叀徝田,亡戋?
  其逐〔徝〕麋自西东北,亡戋?
  自东西北逐呇麋,亡戋?(《合》9·28789)
  戊午卜,贞:王其田,往来亡巛?
  庚申卜,贞:王叀麦麋逐?(《合》9·27459)
  丁丑卜,贞:王其田于盂,令南立(位)?
  丁丑卜,贞:王其射,获,御?(《合》9·29084)
  弜焚淒录(麓)?
  王叀成录焚,亡戋?
  弜焚成录?
  王叀淒田,湄日亡戋?
  叀成田,湄日亡戋?(《屯南》762)
  □其田❉,湄日亡〔戋〕?……
  □其焚,亡戋?(《合》13·41559)
  乙酉卜,犬来告又鹿,王往逐?……
  辛卯卜,往田,亡戋?
  壬辰卜,王往田,亡戋?
  戊戌卜,王往田,亡戋?(《屯南》997)

  这类卜辞多见于第三、第四期。田或兽等田猎名称之后可接地名,也可省去;"射、逐、阱、网"等田猎方法之后可接动物名,也可省去。但"田、兽"后绝不接动物名,"逐、射、阱、网"等后绝不接地名,区别至为明显。只有"焚"是例外，其后不接动物名，有时却接以地名。这是因为"焚"乃大规模田猎方法，其目标本不在某种野兽，而是在某一地区之故。

卜辞中还有两种田猎方法共见一版的。例如：

戊午卜，更：阱，隻？允隻二□□□。二月。
戊午卜，更：阱，弗其隻？
壬午卜，王：其逐在万鹿，获？允获五。
壬午卜，王：弗其获在万鹿？（《乙》3208、7680）
戊寅卜，王阱，易日？允。
辛巳卜，在箕：今日往逐兕，隻？允隻七兕。（《合》11·33374反）
丙戌卜，在箕：丁亥王阱，允隻三百又四十又八。
丁亥〔卜〕，阱，〔隻〕？允。
〔戊〕子卜，今日王逐☒（《屯南》663）
甲申卜，在箕：丁亥王阱，隻？弗□？
……
丙戌卜，在箕：今日王令逐兕，隻？允。
〔丁〕亥，王阱，易日？允。（《屯南》664）

以上诸例都是"阱"与"逐"共见一版，一般是先卜"阱"，后卜"逐"。《屯南》663、664为一骨之正反面，可互为补足，单就丙戌日而言，则正面卜"丁亥王阱"，反面卜"今日王令逐兕"。从所记结果看，当是丙戌这天逐而无获，乃于丁亥日设陷阱以猎，方大有捕获。

（三）田猎方法的继承性与各期卜辞记述的差异性

商代打猎的方法，在武丁与帝辛（纣）时期有什么不同？按理不会有什么大的差异。岂但如此，现今各少数民族地区人们打猎所使用的方法基本上还是3 000多年前的方法，充其量只是用了粉枪或火药枪、猎枪，以代替弓箭而已。从文献记述的春秋战国时期的田猎情况看，商代人焚田的方法也依然被广泛采用着，以致有的国家大火一烧，控制不住，田猎活动最后竟变成了救火。《韩非子·内储说上》所述"鲁人烧积泽，天北风,火南倚,恐烧国,哀公惧,自将众趣救火者。左右无人,尽逐兽而火不救",即是突出的一例。所以,田猎方法从武丁至帝辛也应该是大致一样的,即有其继承性。但从各期卜辞的具体记述看,却又有颇大的差异性。武丁卜辞记述各种田猎方法最为详尽,除常见的射、逐、阱、焚外,还有网、罗(䍲)、罘、罝、微(牧)等项。祖庚祖甲卜辞便很少提到田猎方法,只有几片提到过"逐"。廪辛到文丁第三、第四期的卜辞所记田猎方法,与武丁卜辞大同小异,而廪辛康丁时期有䰩(《合》9·28345,即《粹》955:"叀阝䰩,获又大鹿,亡𢦔?")、各(格,《甲》3916:"乙王其各ㄑ兕。"),武乙文丁时期有𦥑(《合》11·33398,即《甲》638:"叀今日辛𦥑,允毕?于翌日壬𦥑,毕?"),则为武丁卜辞所未见。帝乙帝辛卜辞关于田猎方法的占卜又明显减少,仅偶见塱与射(例见前)而已。这当然不能得出帝乙帝辛时期的田猎只有射与塱两种方法的结论,只不过武丁至文丁时期使用的其他诸种方法在此期卜辞中未见记述罢了。

兹将见于《合》及《屯南》的各期田猎名称(及方法)列表如下,以资比较。

表 《合》及《屯南》中的各期田猎名称(及方法)

时期 名称	武丁	祖庚 祖甲	廪辛 康丁	武乙 文丁	帝乙 帝辛	备考
田	√	√	√	√	√	
兽(狩)	√	√		√		
逐	√		√	√		
阱	√		√			
射	√		√	√	√	
焚	√			√		
步	√				√	指"步"而有"获"之辞
网	√					
麓	√					
罝	√		√			

续上表

名称	武丁	祖庚祖甲	廪辛康丁	武乙文丁	帝乙帝辛	备考
罗	√		√			
䍜	√					疑为"罗"之异体
微	√					
臿	√		√			
兑			√			
罕	√		√			
㞷、迮			√		√	"㞷""迮"有别,然均与田猎有关
㪤			√			字未识,据文义知为田猎名
𢆶				√		此字于省吾谓"正"字之繁,或释"韦",谓围猎之称
墨				√		
敖				√		
各(格)			√			
戬			√			

(四)"步逐"与车猎

甲骨文有"步"有"逐",前者可说是与田猎有关,后者则既是田猎名称又是田猎方法。从字形分析,"步"从双止,一前一后而行;"逐"从豕(犬)止,象人追赶兽类状。这很容易使人得出这样的结论:步是徒步,逐也是徒步追赶。而且步与逐还有"对贞"之例:

丙申卜,争贞:王其逐麋,蕞?
丙申卜,争贞:王步?(《丙》88,《合》4·10345)

张秉权据此推论说:"卜辞中的逐是步逐,步是逐兽。"[《丙》上辑(一)考释第120页]又说:"以'逐麋'与'步'对贞,可见卜辞所谓

'步'，就是出去田猎的意思。"[《丙》上辑（二）第 169 页] 黄然伟从之，谓"张氏之说可信也"。如光从这一腹甲考察，似乎"逐"与"步"差不多。但若考察一下另外一些卜辞，就可发现，"逐"未必是"步逐"了。请看下列一辞：

癸巳卜，殻贞：旬亡囚？王占曰：乃兹亦㞢祟。若偁，甲午，王往逐兕，小臣古车马，硪䃾王车，子央亦队（坠）。（《菁华》3，《合》4·10405）

这是早年出土的武丁大胛骨上的一条完整的卜辞。"甲午"以下为验辞，记王逐兕途中发生的不幸事件，作为"㞢祟"（有祟）的应验。"小臣古（或释"叶"）车马，硪䃾王车"，便是"王往逐兕"途中发生的事故。"硪"从石，"䃾"有磕撞之义，度其辞意，当是小臣古的车马在山岩下碰撞了王的座车，随从王一道打猎的子央也跌下车来。（胡厚宣：《记故宫博物院新收的两片甲骨卜辞》，载《中华文史论丛》1981 年第 1 辑）关于这段验辞，董作宾是这样解释的："这时武丁已届七旬高龄……这一天武丁外出打猎，追逐兕牛，坐的是小臣叶（古）所御的车马，忽然车子被路上的石块所阻而翻倒了。陪伴老王的子央也摔下车了。"（《论商人以十日为名》，见《平庐文存》卷三）对这条卜辞的解释各人容有不同，但有一点却是肯定无疑的，即：商王武丁外出打猎，包括其近臣随从在内，是驾着车马的，并非徒步而行。换言之，是车猎，所谓"逐"，是乘车驱马的逐，而非人兽赛跑式的逐。"逐"字虽是从豕从止会意，但在卜辞里，它的具体含义已远远超出了它造字时的本义了。再从"逐"的对象看，鹿、麋、兕等兽奔跑速度都不慢，靠徒步追逐是很难有"获"的。前引《合》12·37514"埶大兕"六段卜辞，也是车猎的极好证明。此外，所谓"兽（狩）"也是驱车而行的车猎，并非如造字之初意指执罕（干、单）驱犬而猎。下列一辞即可为证：

〖癸〗亥卜，殻贞：旬亡囚？王占〖曰㞢祟。五日〗丁卯，王兽岐（敝），㞢车马。〖㞢〗陷在车，牵马亦□，〖牵亦㞢它〗。（《新缀》327，《殷历谱》下 9·23）

"王兽岐（敝），赾车马"是说王在敝地打猎，赾负责驾驭车马。结果也是不妙，赾跌翻在车里，辜也受到损伤，证明确是"有祟"。

由此看来，商代田猎，不论是"逐"还是"兽"，都不能仅从字面上去理解，望文生义，误以为商王是徒步前往的。正如卜辞称"涉"者并非真的赤脚过河一样，称"步"与"逐"也不是靠两条腿步行、追逐。商师锡永先生曰："所谓王步于某涉于某，非王步行徒涉也。以车曰步，以舟曰涉耳。"此论确不可易。

以上四点，主要是有关田猎方法的问题，其间也不可避免地牵涉田猎的工具问题。这些都是卜辞本身反映出来的。谈到工具，还应该考虑到商代的田猎活动具有练兵习武性质这样一个问题。诚如董作宾所论："……殷代士兵的教练，主要的方法就是打猎，以野兽为假想敌人，使弓矢戈矛，车马将上，一齐发挥出最大威力，因而也能对于野兽，多所擒获。"（参见《武丁狩敏浅说》，见《平庐文存》卷三）所以商王外出从事田猎活动，也带有军事训练的性质。其田猎的工具，从广义说，除了弓、箭、网、罟之外，确实还得有车（舟）、马、戈、矛、刀、戟，以便追逐、格斗，能生擒则生擒，不能生擒则杀死之。我们现在看不到有关商王狩猎之类的实物资料，但战国时代有车马猎纹壶（《商周彝器通考》下编附图751）、猎纹壶（6件，同上书下编附图752～757）以及车马猎纹鉴（同上书下编附图875）。壶鉴上的花纹便是一幅古代车马狩猎图，对我们了解商王的车马狩猎不无参考价值。

有关甲骨文田猎卜辞的文字考订与辨析

一、"迖""迍"辨

卜辞有"㣇"字，或作"㣇、㣇、㣇、㣇"诸形，又有"㣇"字，或作"㣇、㣇、㣇、㣇"诸形，历来诸家考释颇多歧异。

罗振玉并释为"㣇"，曰："㣇与践同，践训行（《仪礼·士相见礼》注），训往（《吕氏春秋·古乐篇》注），此从辵从戈，或省止，与许书之㣇同，但戈戋殊耳。又许书㣇衙并训迹，乃一字，践虽训履，然与㣇亦一字，是一字而析为三矣。"（《增订殷虚书契考释三卷》，东方学会1927年印，第67页）王襄、董作宾、屈万里、松丸道雄、黄然伟等均从其说。如黄然伟，即将"㣇"列为九种田猎卜辞之一。但他又说："卜辞中言㣇于某地者，其所㣇之地虽为田猎区，但如无狩猎验辞，则未必为田猎刻辞也。"（《殷王田猎考》，见《中国文字》第十四册至第十五册）

商师锡永先生释"㣇、㣇"二者为"䟽"，曰："按此字从彳从武，当是步武之专字，又或从行作衙（前编卷六第23页），《诗》：绳其祖武，《传》：武，迹也。《说文》：㣇，迹也。武与步㣇意同。"（《福氏所藏甲骨文字考释》第4页）孙海波《甲骨文编》（1934年版）从之；后又分释为二字，释"㣇、㣇"为"䟽"，改释"㣇"为"迍"，谓"从辵从屯，《说文》所无""迍当是屯邅之本字"（1965年修订本）。

郭沫若作《卜辞通纂》时释"㣇、㣇"为"迖"，即"越"，谓"凡卜辞言越乃远逝之意。《左传》襄十四年'越在他竟'，杜注云：'远也'，即此迖字义"（1933年版，见该书第596片考释）。至其作《殷契粹编》，又释"㣇、㣇"为"述"，读为"游"，无说（1937年版）。

杨树达释"㣇"形之字为"迖"，读为"过"。杨氏曰："余疑此字从辵或从彳，以戈为声，即过字也。……按王迖于召，犹言王往于召也。《吕氏春秋·异宝篇》云：'五员过于吴'，与甲文句例同，高注云：'过犹至也。'"（《积微居甲文说·释迖》，1954年版）而于"㣇、㣇"形之字则未及。许进雄《甲骨上钻凿形态的研究》等书从其说。李孝定《甲骨文字集释》认为杨说"于字形辞义，两者协洽"，并将"𢓊、𢓊"诸形亦释为"迖"，读"过"。岛邦男也承其说，《殷墟卜辞综类》将"𢓊、𢓊"均径释为"过"。

今按上述诸说纷纭，唯孙氏释"𢓊"为"迍"，杨氏释"𢓊"为"迖"，读"过"，较为合理。其余各说或乖于形，或牾于义，皆有不妥，兹分别申论之。

（一）"𢓊、𢓊"与"𢓊、𢓊"字形有别，确为二字，不可混而为一

《甲骨文编》把它们析为二字是正确的。

"𢓊、𢓊"等形之从戈，洞若观火，自不待言，楷写为"𢓊、迖"均无不可，但不得释为"𢓊"，因为字确从"戈"而不从"戔"。此字之异体"𢓊、𢓊、𢓊"诸形，"戈、戈、戈"与常见的戈形稍异，但也绝不是郭氏所谓之"戍"。"戈"为"戈"之异体，可以武之作"戈"（《前》3·23·1），戔甲之作"𢍏"（《前》4·21·3）、"𢍏"（《前》6·63·3）、"𢍏"（《粹》225）、"𢍏"（《龟》1·11·8），武乙之作"戈"（《佚》176，诸形俱见《甲骨文编》），得到证明。"戈、戈"中之小圆点或小圈，其用实与一小横相当。

"𢓊、𢓊、𢓊"等形所从之"屯、屯"为"屯"，经于省吾考证（《甲骨文字释林·释屯蠢》），已得大多数学者确认，所小异者，屯字一斜笔多在下部，作"屯、屯"，在上作"屯、屯"者较少见（详见《甲骨文编》卷一"屯""春"二字），而"𢓊"字所从则多作"屯"，如此而已。是此字确从屯，不从戈，不得与"𢓊"相混，甚明。

（二）"迖""迍"二字形既有异，义亦有别，诚如杨树达氏所论

"迖"即"过"，至也。"迍"字不见于《说文》，而见之于《广韵》卷一谆韵："迍，迍邅，本亦作屯。《易》曰：'屯如邅如。'"迍邅，义为困顿，但卜辞"迍于某地"之"迍"，实与"屯"同。考"屯"有屯守之义，《左传·哀公元年》"夫屯昼夜九日"，《史记·傅靳蒯成列传·集解》"律谓勒兵而守曰屯"，可证。是"迖"谓至某地，"迍"谓停留于某地（守于某地），两者意义有别。从具体辞例看，言迖于某地者多卜

"往来亡巛（灾）"，而言迡于某地者只卜"亡巛"，区别至为明显：

戊辰卜，贞：王迏于召，往来亡巛？在二月。（《珠》1122）
庚子卜，贞：王迏于宫，往来亡巛？（《续》3·15·8）
庚寅卜，贞：在齐㐭贞：王迏，往来亡巛？（《前》2·15·4）
丁亥卜，贞：王迏，往来亡巛？（《粹》1032）
丁丑卜，贞：王迏于雔，往来亡巛？
己卯卜，贞：王迏雔，往来亡巛？（《续》3·20·5）
翌日辛，王其迡于向，亡𢦏？（《粹》1016，《屯南》4452）
翌日辛，王其迡于丧？（《佚》523）
□□卜，翌日乙，王迡于勹，亡𢦏？（《屯南》136）
辛巳卜，翌日壬，王其迡于㮨，亡𢦏？弘吉。（《屯南》2168）
丁酉卜，翌日戊，王其迡于安，亡𢦏？弘吉。（《邺》3·44·8）
辛卯卜，翌日壬王〖其〗迡于㝬，亡𢦏？（《甲》907）
戊辰王其迡盂？（《续存》下828）
□□卜，王其迡从东？（《佚》196）

言"迡"，但求无灾；言"迏"，则愿往来均无灾。从现存卜辞看，所迡之地较少，仅向、宫、丧、㮨、勹、㮨、㝬、盂数地，均为商王常至之田猎地。迡于某地，勒兵而驻之，小事盘桓，未必当天往返。而所迏之地则远较迡为多，除上引召、宫、雔外，尚有㦰、丧、㮨、系、射、陮、晶、㬎、𢋫、夫、盂、𡴎、𣥂等地，一般当天返回，未必多所逗留。当然，也有称迏某地而不言"往来无灾"，但卜"旬无祸"的，所迏之地距殷京甚远，如《卜辞通纂》第596片所记"王迏上䰜"，由五月癸巳至七月癸巳，经过整整六旬，跨有"五、六、七"三月之久。郭沫若推算："师行之次，或有数日之休息，然自殷京至上䰜之路途要在四十日以上矣，师行平均以日七十里计，在三千里内外也。"不过，这类远距离的"迏"毕竟少见。

（三）"迏""迡"二字与军事、田猎的关系也不同

军事田猎二者密切相关，卜迏卜迡之辞所涉及地名多为田猎地或师行之地，是其共同处，但"迏""迡"二者仍有别。松丸道雄《田猎地》

一文曾比较徣（迟）与田的遂行日期、地点等事,以为二者是相似的行动。不过松丸所指第四期的王徣卜辞实际上是第三期的王迍卜辞。许进雄据钻凿形态认为:"如果过的卜问不像祭祀、田猎等经常举行,则我们可以想象它是应付某种比较特别的形势的行动。配合不平常的形态,它可能是一种到较远距离、历时较长的军事有关行动。"又说:"……可推断过与田猎是不同的行动,田猎是比较经常而历时短的活动,过则可能是历时甚久,到相当远的地方去的一种与军事有关的活动。"(《甲骨上钻凿形态的研究》,艺文印书馆1979年版,第95页)二说相较,松丸之说较为合理。"比较经常、历时短"这两点并非"田"所独有,"迟"亦如是,甲骨上频繁卜迟之辞亦屡见。而且如前所述,常卜"往来亡巛",一般而论,距离占卜地(如商都)也不会太远。且"迟"与"田"常共见一版,迟而有"获",亦屡见记录。例如:

乙丑卜,贞:王迟于召,往来亡巛? 在九月,兹御,获鹿一。(《合》12·37429)

□寅卜,贞:王迟于召,往来亡巛? 兹御,获鹿二。(《续》3·32·1)

戊戌卜,贞:王迟于召,往来亡〖巛〗? 兹御,获麑一。
壬寅卜,贞:王迟于召,往来亡巛?
辛亥卜,贞:王迟于召,往来亡巛?
壬子卜,贞:王田于斿,往来亡巛? 兹御,获麑十一。(《合》12·37460)

□王迟□来亡巛?□获鹿□(《京津》5340)

再有,卜迟之辞也有兼及气候之例,与卜田之辞同。例如:

丁巳卜,贞:今日王其迟于丧,不遘大雨?(《明后》2727,《南北·明》796)

□贞翌日戊王迟□不遘大雨?(《邺》2·37·1)

至于"迍",则似与军事行动更相接近,它既无获兽的记载(一次也没有),也无关于气候的占卜。不过亦偶见与"田"共版之例,如《屯南》第660片，迍㲋与田蕈、田丧、田雪共版。

此外，"送""迍"二字通行的时代亦有不同，"送"主要见于第五期（帝乙帝辛）卜辞，"迍"主要见于第三期（廪辛康丁）卜辞。

总之，甲骨文"送、迍"二字形音义皆有别，不得目为一字，前者当释"送"读"过"，后者宜释"迍"训"守"。"送"与田猎事关系较密切，但它本身未必便是田猎活动。"迍"则与田猎事相似处甚少，更有可能是一种军事性质的行动，或即后世所谓"勒兵而守"，以前将"送""迍"二字合释为"狩"或"狘"，并把它看作商王田猎活动之一，显然不妥，应予纠正。

二、往于田说

甲骨文卜"往田"之辞各期屡见。"田"义为田猎，动词，已为学者所公认，除"往田"之外，各期卜辞又屡见"往于田"一语。例如：

壬戌卜，争贞：王往于田，若？（《续》3·35·2）
戊辰卜，贞：王往于田？三月。
庚午卜，争贞：自今至于己卯雨？（《合》12·10516）
贞：王往出于田，不遘？
贞：王勿往出于田？（《合》4·10539）
之日王往于田从东，允获豕三。十月。（《合》4·10907）
☐之日王往于田，从䰧京，允获麋二，雉十七。十月。（《合》4·10921）

以上为武丁卜辞。

乙酉卜，出贞：王往于田☐（《文录》732）
戊寅卜，行贞：王其往于田，亡巛？在十二月。（《合》8·24492）

以上为祖庚祖甲卜辞。

丙子卜，口贞：王其往于田，亡巛？在十二月。

丁丑卜，犬贞：王其往于田，亡𡿧？（《缀》172）
王叀往于田，其每？（《京都》2049）
辛眔壬王从往于田，其每？
王叀乙往于田，丙迺戠，亡戋？
乙王从往于田，其每？（《宁沪》1·367）

以上为廪辛康丁卜辞。

庚子卜贞：不往于田？（《续》3·16·9）

以上为帝乙帝辛卜辞。

唯第四期武乙文丁卜辞尚未见"往于田"之辞。上引各例，除武丁时有二例记获兽，可证其与商王田猎活动有关；甚或即为田猎活动外，余均无从证明其与田猎事有何关系，亦无从证明此类"田"亦为田（畋）猎。《甲骨文合集》将此类卜辞编入"社会生产"的"渔猎畜牧"部分，与"王往田"卜辞排列在一起，可见编者是将"往于田"当作田猎卜辞看待的。松丸道雄《田猎地》一文亦将它们列为田猎卜辞加以讨论。岛邦男《殷墟卜辞综类》则将卜"往于田"之辞编入"往田"辞目之下，仅将《续》3·16·9之"往于田"编入"往于"条下。按诸家之所以如此，显然是由于视"往于田"为"往田"，将二者等量齐观所致。其实，卜辞"往于田"之田与"往田"之田，字形虽同，但性质迥异，区别至为清楚，不得混为一谈。下面试稍加辨析。

考卜辞"往"字用法，大别有三。一为与反义词"来"结合为反义复合词"往来"，往指前去，来指返回，"往来亡𡿧"是田猎卜辞中极常见的辞例。二为与表示行为动作的动词结合为连动式词组，表示外出做某事，如往省、往伐、往追、往雚（观）、往兽（狩）、往阱（陷）等。"往田"即属此类，义为外出（前往）畋猎，田为动词。其三为与"于"字结构结合为述补式词组，称"往于某"，介词"于"所带宾语多为地名或庙号名（这类词组中的"于"字有时也可省去，而变为述宾式词组）。"往于田"即属此类，"田"是介词"于"的宾语，乃名词，当为地名，与"往田"之"田"，音同而义异。前二类均为常见之辞，学术界无异词，例可从略。第三类例亦至多，为便与"往于田"之辞比较，兹略举

数例于下:

> 乙亥卜,争贞:王往于臺?(《乙》7767)
> 乙卯卜,𣪊贞:今日王往于臺?(《粹》1043)
> 【比较:贞:今日勿往臺?(《粹》1048)】
> 贞:王往于甘?(《后》上12·5)
> □辰卜,宾贞:王今日往于𧾷?(《甲》3430)
> 贞:今日往于上甲?(《诚》17)
> 【比较:勿往上甲?(《乙》4578)】
> 贞:翌丁卯乎往于河?(《乙》7622)

上甲为庙号名,河指大河(黄河),臺、甘、𧾷均为地名。"往于"之后均不接动词。

说"往于田"之田为地名,还可从下列二辞得到证明:

> 壬子卜,出贞:今□尤?在田。(《外》273)
> 己酉卜,贞:王步于田,亡𡿪?(《后》上30·7)

黄然伟《殷王田猎考》也已注意到"在田"一语。在田,与在宫、在向、在庆、在雇、在攸……同例,"田"确为地名。"在田",是说这条卜辞是在"田"这个地方卜的,早期卜辞常见此例。又依卜辞通例,"步于"之后所接亦均为地名或庙号名,"步于田"之田绝非上甲(田)之误,其为地名,当亦无可疑。

上述诸"田",既非畋猎,又非农田,确是一个地名。此"田"与商王田猎事也有一定的关系,武丁卜辞中即有"往于田"而有获之例(例见前引),但又并非王常至的田猎地。其地望今无可考。

三、关于"步"的性质

甲骨文"步"字作"𣥂、𣥂",从二止,象双足一前一后之形,行走之义甚明。金文作填实之足迹形,或作"𣥂",寓意与甲骨文同。小篆作"𣥂",《说文》:"步,行也,从止𣥂相背。"段注:"止𣥂相随者,行步之象,相背犹相随也。"(或谓"背"当作"承")此字典籍均用其行走义或由此引申之义（详见《经籍纂诂》第 688 页）。卜辞言"步"者却颇有特殊性，常与殷王田猎之事有关。下列四点即值得注意：

（一）步与逐有对贞之例

《丙》88 为一复原后之龟腹甲，刻辞四条。其中两条云："丙申卜，争贞：王其逐麋，萑？丙申卜，争贞：王步？"此为武丁时所卜，两辞分别刻于左右甲桥，为对贞卜辞，而右辞称"逐"，左辞言"步"。张秉权遂谓："可见卜辞中的逐是步逐，步是逐兽。"（见该书考释第 120 页）张氏在另一处还说："'逐麋'与'步'对贞，可见卜辞所谓'步'，就是出去田猎的意思。"（见该书考释第 169 页）张氏此说虽未尽善，却道出了"步"与"逐"的密切关系。

（二）步与田、兽（狩）共见一辞，或前后相续、共见一版

如《京津》4568："叀宫田省，亡㞢？其乎犬步？"《甲》3003："庚戌卜，狋：叀翌日步，射咒于◻？"《前》2·21·3："丙辰卜，贞：王其步于良，亡㞢？丁巳卜，行贞：王其田，亡㞢？在良。"《乙》154："◻步，辛兽◻。"黄然伟据此以为"步即田猎之证"，"张氏之说可信也"。

（三）言步之辞常有关于获兽的记载

例如：《续》3·30·2："丁亥卜，在鼓贞：王步，亡巛？兹御，获狐五。"《前》2·7·5："◻在◻◻王步于◻亡巛？王◻获狐八。"《合》12·37475："庚子王卜，在淩倁贞：今日步于桮，亡巛？在正月。获狐十又一。"又 37504："◻王步于◻亡巛王◻获狐◻"以上各例均为第五期（帝乙帝辛）所卜，所获均为狐，最多一次为 11 头。

（四）步的目的地相当大一部分就是商王的田猎地

例如：衣、亳、㚔、妻、良、麓、虎、杞、勐等。

卜辞"步"既然与田猎事关系如此密切，那么，能否据此而断言它本身就是田猎名称，就是"逐兽"呢？不能。"步"与田猎卜辞仍然有所不同。商王田猎总是在白天，且多当日来回，故常卜"往来亡巛（㞢）"或"湄日亡㞢"。而卜步之辞，称"往来亡巛"者极少见（如《前》2·5·5），无一例称"湄日亡㞢"，一般只卜"亡巛"，甚或连"亡巛"也

不卜，仅卜"步""勿步"。更有卜某日夕步、今某月步、生某月步之例，为真正的田猎卜辞所未见者。例如：

贞：今己酉夕步？(《后》上30·1)
今辛未王夕步？今未勿夕步？(《丙》165)
贞：今十二月我步？(《乙》782)
贞：于生一月步？(《乙》6709)

此数辞皆武丁时卜。"夕步"，是指夜晚出发，或曰夜行军，当然不可能是夜猎。"今十二月我步"，是问在此十二月里是否外出。"生一月步"，是问在下月即一月是否外出。显然，这些"步"与田猎全然无涉。其次，商王田、兽、逐……无命大将重臣从事之例，而于步则有之，如《前》5·8·2谓"今日令戜步"，同书6·8·3谓"令沚戜步"，《殷缀》23云"令自般步于河东"，亦皆武丁时所卜。又有一些卜辞，"步"与"征""伐"等语并见，如《续》5·15·2云："丁卯王卜囗今日步于雇囗在四月，唯来征〖人方〗。"为征人方途中之"步"。《粹》1072云："壬子卜，宾贞：皋气步，伐舌方，受虫又？十二月。"《丙》276云："庚寅卜，宾贞：今㞢王其步，伐人？庚寅卜，宾贞：今㞢王勿步，伐人？"则言"步"的目的在讨伐某方国。这些卜辞，与其说与田猎有涉，毋宁说它关乎军事。最后，王"步于"之处，固然有田猎地，但也有不见于田、兽、逐诸辞的地名，而且还有步于母庚、学戊的，则更与田猎事无涉，而与祭祀有关了。例如：

庚辰步于母庚？(《前》1·29·4)
辛丑卜，古御，步于学戊，其囗方？(《前》1·44·5)

综合以上两方面分析，可对卜辞"步"的性质做如下解释：卜辞"步"本指前往某处，或为征伐，或为其他，或商王自往，或命大将重臣前往，途中或遇野兽，则猎取之，故"步"与田猎有时兼而有之，但"步"本身并非田猎名称，更不是"逐兽"。我们不能概以特例概括一般。至于《丙》88，两辞位置对称，但与严格的对贞卜辞也有异，实际上一辞卜逐、一辞卜步，同日卜二事，契刻位置适相对而已，并非步即逐、逐即步也。

附带说一句:"步"虽象两止一前一后行走之状,但卜辞之"步"亦并非指商王徒步,正如涉非真的赤足过河一样。实际上,卜辞"步"指车行,"涉"指舟行,如其与田猎有关,也是车猎而非徒步追逐。(详见本书《甲骨文各期田猎刻辞概述》)甲骨文字形体所体现的意义(本义)与该字在卜辞中的实际意义一致者少,不一致者多,此"步"字亦其一例。

四、"衣"为地名证

卜辞"衣"除用作祭名外,还可用作地名,是殷王重要田猎地之一。对此,学术界颇有争议,尚有必要一说。

说"衣"为地名,始于罗振玉(《殷虚书契考释》卷上地名第四);说"衣"即殷,地在今沁阳县,始于郭沫若(《卜辞通纂》序及第635片考释);陈梦家则进一步论定它是田猎区之中心(《殷虚卜辞综述》);李学勤《殷代地理简论》提出异议,认为,"商王狩猎时采用'衣'或'衣逐'的方法。'衣'读为'殷',训'同'或'合','衣逐'即合逐之意。前人解'衣'为地名,指为沁阳的殷城,是错误的"(见该书第7页)。日本学者松丸道雄《田猎地》、胡澱咸《释衣》[载《安徽师范大学学报》(哲学社会科学版)1978年第4期]二文亦主此说。胡氏断言"在卜辞里,衣实没一个是地名的,也不能读为殷"。黄然伟《殷王田猎考》(《中国文字》第十四册至第十五册)则又不以李说为然,认为卜辞中"王田衣逐"之逐,"当谓王于衣之地追逐野兽也。"黄氏认为,李氏之说不足信,"衣确为地名",并举《甲》1549、3914,《前》2·12·3、2·32·2、2·43·1诸片为证(其中《前》2·12·3、2·43·1两片正是李学勤"足证'衣'在此并非地名"的证据之一)。以上争论的关键在于对卜辞"王(其)田衣逐"的理解不同:

……王〔其〕田衣,逐,亡巛?
……王〔其〕田,衣逐,亡巛?

前者"田衣"连读,即"田于衣","衣"当然是地名;后者"衣逐"连读,便只好将"衣"解释为"同""合"或"大"了(钟柏生读

"衣逐"为"大逐")。据笔者看来,田猎卜辞中的"衣"是否即殷,"衣逐"可否连读,当然可以讨论。但即便"衣逐"连读,也不能全然推翻罗、郭、陈等"前人"关于"衣"是地名之说,因为卜辞之"衣"并不一定和"逐"连结为"衣逐",亦有单独出现于其他卜辞之例,足可证其为地名。试观下列一辞:

己丑贞:王于庚寅步自衣?(《粹》1041)

"衣"字虽略有残损,但从所剩笔画看,其为衣字是肯定无疑的。在这条卜辞里,"衣"在介词"自"之后做宾语,其为地名,当可无疑。又如:

〖戊辰〗卜,㱿贞:翌己巳步于衣?
贞:于庚午步于衣?(《合》4·11274,《乙》811)

衣字作"⊕",在辞中是介词"于"的宾语,依通例,其为地名当可论定。又如:

□酉贞:王步□于衣?(《邺》3·42·6)

"步自某于某"一类辞例,卜辞屡见不鲜,其"自""于"下之词为地名,已是公认的事实。

卜辞又有"衣入"一语,即"入衣""入殷"。例如:

贞:衣入,不冓雨?(《京津》3209)
乙丑卜,狄贞:王其田,衣入,亡巛?(《甲》3914)
乙亥卜,狄贞:王衣入,亡巛?(《甲》3916)

屈万里曰:"田衣入,谓狩猎于殷地旋归也。"又曰:"衣入,入殷也。"(《殷虚文字甲编考释》第490、492页)

又有《前》2·41·5(《通纂》635)残片,胡澱咸断言衣字上没有缺文,不能补于字,今核诸原片,田字下确有缺文。此辞胡氏释为:"戊辰（缺）在噩（缺）王田衣（缺）。"既认为"辰"、"噩"（按今释"丧"）之下有缺文，为何断言"田"下无缺文？衣字之下分明还有刻字的余地，并非残断处，为何反说"缺"？考卜辞言至某地田猎，可称"田某"，亦可称"田于某"，两种形式皆当时之通例，是同时并存的。这条卜辞田字下刚好残去"于"字的可能性，应该说是存在的。郭沫若将这条卜辞补足为："戊辰卜，在噩贞：王田于衣？"实属合情合理，无可非议，如是，此残辞之"衣"亦当为地名。准此以求，则前引"王田衣逐亡巛"仍可读为"王田衣，逐，亡巛"，"田衣"即"田于衣"，犹如"田鸡"即"田于鸡"，"田𤔔"即"田于𤔔"，"田𠦪"即"田于𠦪"（鸡、𤔔、𠦪皆田猎地），逐是追逐，有关卜辞皆不难解释。

此外，《屯南》第 2564 片有"在衣"之辞，更足为"衣"属地名之确证。辞曰："己丑贞：王𠂤告土方于五示？在衣。十月卜。""衣"字作"𧘇"，清晰无误。从拓本上看，字中有三小点，乃蚀痕，该书释文摹作"𧘇"（亦释"衣"），恐非（见该书下册索引第 217 号摹本）。

五、"省田"非秋田说

甲骨文屡见"省田"一语，"省"字作"𫠋、𫠋"诸形。叶玉森《殷虚书契前编集释》将"省田"解释为"省耕"或"观猎"（见该书卷一第 126 页）。陈邦怀《殷契拾遗》亦以"省田"为省耦，并举庚午鼎（按：即王俅《啸堂集古录》卷上著录之"商父乙鼎"）"王令寰农省北田四品"为证（李孝定《甲骨文字集释》卷四"省"字条下引）。郭沫若作《大丰毁韵读》（收入《殷周青铜器铭文研究》，1930 年）及《卜辞通纂》时，均释"𫠋"为"相"，至作《殷契粹编》，则改释为"省"，并读为秋猎之名"狝"，于第 966 片考释"省田"云：

> 省当读狝，《礼·明堂位》"春社秋省"，注云："省当读为狝，狝，秋田名也。"又《玉藻》"唯君有黼裘以誓省"，注亦云："省当为狝，狝，秋田也。"

郭氏之后，学者们大都把"省"视作田猎活动。闻一多《释省偖》一文（收入《古典新义》，见《闻一多全集》第二册）即直认"省"本秋田之名，"郑君顾谓省当为狝，昧其本根矣"；并说"省田"是"猎于田中","叀田省"则"犹言往田中猎兽"。黄然伟《殷王田猎考》将"省"列为九种田猎名称之一,《甲骨文合集》亦将"省田"一类卜辞归入"渔猎畜牧"类中。

对于卜辞"省田"所指是否田猎事,过去笔者一直疑信参半。1983年作《甲骨文同义词研究》一文时将"田兽省"作为一组同义词列论,谓"又有省字,亦田猎之义"。又说"然'省'亦通用于全年而不限于秋","省可在二三月"〔见《古文字学论集(初编)》,香港中文大学1983年版〕。现在看来,"省田"之"田"是否指田猎活动,固不能无疑;而"省"之读为"狝",释为"秋田",验以卜辞,确实困难重重。

第一,商代是否有春夏秋冬四时还是个疑问,商承祚师早年写有《殷商无四时说》,于省吾、孙海波、陈梦家等学者均主商代仅春秋两季说。《周礼》《左传》《尔雅》等书所谓春蒐夏苗秋狝冬狩之说,当是东周以后之事;而卜辞所记,一年12个月均有田猎事,未见有何专名。退一步说,如"省"果为秋田之称,为专名,则其所占之月份要么是3个月(按四季说),要么是6个月(按春秋两季说)。但是,卜辞所记"省"的月份却极为分散:

勿乎省田?二月。(《合》4·10545,《契》203)
贞:王勿往省牛?三月。
贞:王往省牛于辜?(《库》719)
丙寅卜,㱿贞:王往省牛于辜?三
贞:王勿往省牛?三月。三(《合》4·11171,《南北·辅仁》7)
贞:氏省白㘇?三月。(《前》1·46·3)
□余乎省□㕜,八月。(《库》215)
乙亥卜,贞:令多马亚伣蕓越,省陕宙至于仓侯,从𣶒川,从㝱侯?九月。
贞:勿省在南宙?(《续存》上·66)
己巳卜,贞:令㞷省在南宙?十月。(《前》5·6·2)
庚寅卜,□㞷省在□十一月。(《京津》2148)
□虫卜□令省在南宙?十二月。(《续》5·15·9)

从二月至十二月，皆可称"省"。若谓春秋两季各半年，自八月至翌年三月为"秋"，则历时 8 个月，而四、五、六、七这 4 个月竟为"春"，亦于理不合。

第二，在文法上讲不通，卜辞"田"字兼具农田与田（畋）猎二义；而在田猎卜辞中，"田"一般均为动词，如称"王其田""王其田某（地）""王其田于某（地）""叀某（地）田"等等，均是常见的辞例。而卜辞之"省田""省某（地）田""叀某（地）田省"，"田"如指田猎事，"省"又读为"狝"，则"与田字义复，文不可通"（见杨树达《积微居甲文说·释省》）。而且，从文法上分析，"省田"乃述宾结构，而非联合结构，在"叀盂田省""叀丧田省"之类辞例中，田省并不能连读，而必须是盂田、丧田连读，因为卜辞又有"省盂田""省丧田"等辞例，"叀"不过是起了将宾语提前的作用。试观下列三组卜辞：

（1）王其省田，不冓大雨？（《粹》1002，田字缺刻横画）
　　叀田省，湄日亡戈？（《粹》994）
　　弜（弗）省田，其每？（《甲》573）
（2）贞：王其省盂田，湄日不雨？（《粹》929）
　　叀盂田省，亡戈？（《粹》966、969）
　　弜省盂田，其每？（《缀》1·402）
（3）王其省丧田，湄日亡戈？（《美录》116，《库》1090）
　　叀丧田省，亡戈？（《粹》967）
　　弜省丧田，其雨？（《京都》2046）

此三组九例卜辞均第三期所卜，足证田省不得连读。（2）（3）诸例说明，可称"省盂田""省丧田"，但绝无"省田盂""省田丧"之例。如果将诸"田"视为田猎事，是动词用为名词，作宾语，则"盂田""丧田"为盂丧两地之田猎活动。如是，"省"更不得读为"狝"了。看来《说文》的解释还是正确的。"省，视也"，省有省视、督察之义。泛称"省田"者，"田"可有两解，似均可通；专称省某地田者，"田"按理亦可有两解：某地之农田，某地之田猎活动。但无论"田"是释为农田或田猎，读"省"为"狝"，上述诸辞均无一可通。

第三，"省田"之辞绝不见有猎获兽类的记载，各类田猎卜辞，不论是田、兽（狩）、逐，还是阱（陷）、射、焚，五期之内，总有关于猎获兽类及数量的记载，有获、毕（"禽"，即"擒"）、等词出现，唯独此"省田"之辞竟无一例。商王亲自省察督阵，以事田猎（秋猎），居然每次都毫无战绩，这能说得过去吗？可见省田、省盂田、省丧田……诸"田"是否真指田猎之事还大成问题。一般来说，把这些"田"看作农田、田事较为合适。商王于农业生产至为重视，已为大量求年祈雨卜辞所证明。省田，省某地田也是商王重视农业的一种表现形式。又如"我"，是方国名，武丁卜辞中屡见"我亡（无）来""我其有来"（来为前来贡纳之意）的占卜，"我来十""我来三十""我氏十"等等记载，亦有"省我田"之辞：

丙辰卜，永贞：乎省我田？（《前》5·26·1）

这是问是否该派员视察"我"地农田。此辞之"省"固然不能读为"狝"，而"我"之非田猎地更是无可争议。

与"省田"相似的卜辞还有"省黍"。例如：

贞：王勿往省黍？（《契》492）
☐往省黍，祀，若？（《乙》5535）

这两条卜辞说的是视察农作物之事，至为明显。卜辞"黍"亦可用作动词，如"今春王勿黍"（《续》1·53·3、5·9·3）、"叀小臣令众黍"（《前》4·30·2）等等。"黍"指的都是种黍之类的农业劳动，与此二例有异。

"省田"之外，卜辞又有"省牛"之辞。除上文所引者外，余如：

贞：王往省牛？
贞：勿往省牛？
贞：![字形]（视）牛百？（《合》4·11176）
丙午卜，宾贞：乎省牛于多奠？
贞：勿乎省牛于多奠？（《合》4·11177，《丙》353）

粗看似亦田猎卜辞，其实不然。杨树达根据《尔雅·释诂》"狝，杀也"，及《周礼·大司马》注云"秋田为狝，狝，杀也"，补充郭说，谓"省"可读"狝"，训"杀"。因此，他释《粹》987"叀省虎"为"狝杀虎"（《积微居甲文说·释省》）。今按《粹》987文字较为草率凌乱，疑有错漏或误刻，其"叀省虎"一语词序异常，为卜辞仅见之例，似难为据。杨氏此说施于"叀盂田省"，似勉强可通；若施之于"省盂田"，义即重复，不可解；施之于上述"省牛"之例，则与实际情况不合。不少论著业已指出，商代畜牧业相当发达，祭祀所用大量的牛羊（包括牢、宰）并非得自狩猎，主要源于畜牧基地。"省牛于𩫖"，是赴𩫖巡视畜养的牛（参阅孟世凯《商代田猎性质初探》，见胡厚宣主编《甲骨文与殷商史》，上海古籍出版社1983年版），"省"与搏杀（狝）可谓全然无关。

那么，能否由此得出结论，说"省田"与田猎事全然无关呢？不能。有少数田猎卜辞与"省田"或"叀田省"共见一版，为同时所卜，可证后者之"田"为田猎事，乃动词用作名词。例如：

　　弜壬田，其每？
　　今日王叀宫田省，亡戋？
　　〔叀〕田省，亡戋？（《粹》982）
　　其兽，亡戋？
　　壬王叀田省，亡〔戋〕？（《合》9·28460）
　　弜田，其每？
　　于壬王逦田，亡戋？
　　叀田省，亡戋？（《合》9·28609）
　　其兽，亡戋？
　　辛王叀田省，亡戋？
　　于壬王逦田，亡戋？（《屯南》271）
　　其兽，亡戋？吉。
　　壬叀田省，亡戋？（《屯南》2269）

不过，此类例亦不多见。这类"省田"，从另一侧面说明，有一些田猎活动，虽然打着"王"的旗号，实际上商王只是亲往督阵而已。《粹》982"宫田省"乃"省宫田"之倒，是问去视察宫这个地方的田猎活动好不好，其余各例，先卜重田、迺田、其兽（狩），而后卜省田、重田省，乃泛指商王省视田猎活动。

综上所述，卜辞之"省"，义皆为省视、视察或督察，除极少数例外有无"杀"义容再研究外，皆不得读为秋猎的"狝"。卜辞所谓"省田""省某田"，所省之田多为农田，亦有少数指田猎活动，须做具体分析，未可一概而论。卜辞中"省"字的这种用法，不仅大量见于传世文献，而且与商及西周金文相合。如商器小臣艅尊"丁己王省夒京"（《三代》11·34），谓省视夒京；周成王器臣卿鼎、臣卿簋"公违省自东在新邑"（《澂秋馆》4·15），则谓省视东土；康王器大盂鼎"雩我其遹省先王受民受疆土"（《三代》4·42），厉王器宗周钟"王肇省文武堇疆土"（《三代》1·65），省亦为省察，与《诗·大雅·常武》"省此徐土"、《易·复》"后不省方"（后，君后。方，事也）之"省"同。值得注意的是，金文"省""眚"无别，亦可假借为"生"（如曶鼎、扬簋、豆闭簋诸器之"既生霸"，"生"字皆作"省"），但无一例可读为"狝"者。

关于甲骨文各期田猎地点及田猎中心的讨论

一、各期田猎地的异同

卜辞所涉及的商代地名，前人多有研究、统计。罗振玉《殷虚书契考释三卷》"地名第四"谓"地名之见于卜辞者凡二百三十，综其类十有七"，是为著录卜辞地名之始。曾毅公1939年编印《甲骨地名通检》（齐鲁大学国学研究所出版），正编收地名528个，待考部分又收394个，合并计之，则有900余地。不过，不论正编或待考，皆有相当一部分不是地名，有些条目亦可归并。曾氏为免检查之难，"不辞乱收之讥"，"有似地名而非地名者亦一并收入"，故较芜杂。陈梦家的《殷虚卜辞综述》，于"方国地理章"谓卜辞所记地名有500个以上。日本学者岛邦男1958年、1959年发表《甲骨卜辞地名通检》于《甲骨学》第六、第七号，共收地名540个。而其所著《殷墟卜辞研究》（1958年版），所列地名为542个。其中亦有不是地名误认为是地名者，或一字异形而误认作几地者。确切的地名数字，实有赖于据《合》《屯南》等书重新予以统计，排除虚浮之数，归并异形之字。饶宗颐主编、沈建华编辑之《甲骨文通检》（香港中文大学1994年版）第二册《地名》成书于《合》《屯南》《英集》《法录》《东京》等书之后，从全部著录之甲骨材料中收录地名计1 027个（包括四方及河流山麓之属），此为关于甲骨文地名之最新统计。

在这千余个地名之中，约有三分之一是商王曾经举行田猎的地方。日本学者松丸道雄《田猎地》一文是这方面的专题论文。该文认为，在500个地点中，殷代每个王选取150个地点作为其田猎地（见该文英文提要）。而文中表九"第四、五期田猎地名表"、表十四"第一～三期田猎地名表"，共列田猎地名148个，不足150之数，各期田猎地亦多寡不一。黄然伟《殷王田猎考》第五部分"论田猎区域"，考证地名82个，又列举"因文字未经考定，或因所见之卜辞数量不多，未能尽释"之地名59

个，共计 141 地。二文所列，除少数文字诠释容有争议、未必为田猎地外，大体可信，但尚不完备。笔者据《合》《屯南》《英集》等书所载田猎卜辞统计，商代田猎总数当在 270 个以上，有早期为田猎地而中晚期未见者，有早期不见前往田猎而中晚期辟为田猎地者，亦有若干地为历代诸王均至之田猎。近阅钟柏生所著《殷商卜辞地理论丛》（台北艺文印书馆 1989 年版），其《卜辞中所见殷王田游地名考——兼论田游地名研究方法》一文之附录"卜辞田游地名总估计三补"，共列田游地名 374 个。其搜罗之广，用力之勤，令人钦佩，但也不免"宁滥毋缺"之嫌。所谓"滥"，一是收录范围较宽，"田"之外，兼及"游"，凡"步""迖"所及之地皆列入，凡言"在某地贞"者亦皆列入；二是有关某地之方位或河流山麓之属也一并录入（如淒与淒录、斿与斿录、鸡与鸡录、大与大录等）；此外，还有一些似地名而非地名者也收列其间。各人统计或有宽严之别，然就真正的田猎地而言，就目下所见，仅廪辛康丁时期达 150 个，其余各个时期，均不足此数。

现将各期刻辞所见之田猎地名及在该地擒获之动物名列表如次：

甲骨文各期田猎地名表

田猎地		时期					擒获之动物	备考
序号	地名	一	二	三	四	五		
1	京	英集 834						
2	盂	合 10965						
3	沚	合 9572					集	
4	斿	合 10196	合 24465	合 28347	合 33399	合 37396	麋、鹿、狐、麑	
5	尧	合 10196					虎	
6	敏	合 10198					虎、鹿、狐、麑	

续上表

田猎地		时期					擒获之动物	备考
序号	地名	一	二	三	四	五		
7	而	合10201						
8	淒	合10206		合29287		合37568		
9	晢	合10227						
10	蜀	甲3340					豕	
11	函	合10244 后（下）22.6		合28372 合28373			麋	
12	丧	合10250		合28326	合33530	合37379	狐	旧释"噩"
13	敞	新缀327		合29403				
14	ᛯ	合10251						
15	膏鱼	合10918						
16	眘	丙179					鹿	
17	砮	合10500					燕	
18	毌	合10514					雉	
19	娄	合10925	合24467	合28348			鹿、豕	

续上表

田猎地序号	地名	时期 一	二	三	四	五	擒获之动物	备考
20	蕾	合 10938					鹿	
21	豫	合 10939						
22	万	合 10946		合 29399			鹿	
23	¥	合 10950	合 24458				兕	
24	箕	合 10956 京都 263			屯南 663~664		兕	
25	并	东京 S1033			合 33570			
26	芦	合 10961						
27	皿	合 10964 乙 7288						
28	农	合 10976					鹿	
29	员	合 10978						
30	韭(¥)	合 10977						
31	崇(㞢)	合 10983						

续上表

序号	田猎地 地名	时期 一	二	三	四	五	擒获之动物	备考
32	涛	合10984 前2.28.4						
33	品	乙6404						
34	爰	合10924						
35	宫	合10985	合24462	合28365	合33556	合37366	麋	
36	敏	合10993		合29376	合33574			
37	唐	合10998反						
38	罕	合11006						
39	臺	合11171		合28917	合33569	合37421	鹿	
40	麦	珠107	京津3457	合28311		合37448	鹿、麋	
41	豩	京都B268						
42	盖	合10967						
43	酨京	合10921 续3.43.6		合29357			麋、雉	

续上表

田猎地		时 期					擒获之动物	备 考
序号	地名	一	二	三	四	五		
44	兆(六)	合10968		合29400				
45	蚰	合10950						
46	豆	库1263						
47	裁(刊)	前7.2.4						
48	父	合10969 前1.44.7						
49	燊	合10934 后（下）16.13						
50	坐	英集834						
51	取	合20757						
52	矢	合11016						
53	心	丙347						
54	自	合10979						
55	昏	合10981						

续上表

田猎地序号	地名	时期 一	二	三	四	五	擒获之动物	备考
56	螽	合10982 续存(上)723						
57	𡥈	合10991		合29352				
58	𢀝	合10997 佚497						
59	大𡥈	续3.41.5						存疑
60	垄	合10197 天19					麂、兕、鹿、豕、罴、虎、雉	
61	𣥂	合11009						
62	到	甲3142						
63	𣎵	续3.40.3		合29228~29233	合33537	合37790		
64	忠	合20787					麤	存疑
65	商	京津1427	合24476		合41569	合36501	兕	

续上表

田猎地序号	地名	时期 一	二	三	四	五	擒获之动物	备考
66	阤		合24457	合28346		合37784 前2.44.7	鹿	旧释"陧"
67	剡		合24459					
68	浇		合24464	合29244	合41563	合37480	狐	旧释"率"
69	介（𠆢）		合24466	合28353				
70	谷		合24471 续3.28.1					
71	良		合24472					
72	危（㔾）		合24395					
73	行		合24391	甲703				
74	杞		合24473					
75	目		七集W46	合28347	合33367	后（上）14.10	麋、狐、雉	
76	庆		合24474 后（上）11.2					

续上表

田猎地序号	地名	时期 一	二	三	四	五	擒获之动物	备考
77	陮		合24474 后(上)14.4					
78	来		英集2041		合41569	合37746		
79	𤔔		新缀70					松丸氏以为"曺"字①
80	牢		七集X11	合29263	合33530	合37362	虎、狐、犬、兕	
81	囚		合24452					
82	枏		合24495	甲1991				
83	𢦏			合28885～28899		合37730	豕	此字从戊从戌不别
84	𢦐			合28340 屯南256	合33369	合37405	鹿	疑与"𢦏"为一地
85	㠱			合28314		合37419	狐、雉	
86	白			合28315	合33383		狐	

---

① 此处字号变小,是为了版式美观。下同,不再注释。

续上表

田猎地 序号	地名	时期 一	二	三	四	五	擒获之动物	备考
87	柏			合 29246	合 33517 粹 985			疑与"白"为一地
88	奂			合 28317			麋	
89	滴			合 28338			麋	
90	宓			合 28349	合 33567		鹿	
91	𢀛			屯南 625				
92	𠂤			安明 2057				
93	闵			合 28318			狐	
94	蓐			屯南 2061 合 28351			鹿	
95	薛			合 28900			麋	
96	系			合 28401				
97	虢			合 28402～28406 屯南 1032			兕	

续上表

田猎地		时期					擒获之动物	备考
序号	地名	一	二	三	四	五		
98	吾			合28409			咒	
99	喜			合29398				
100	涡			合29221				
101	埶			合28514				
102	㘈			屯南2170				疑与"埶"为一地
103	吕			合28566				
104	狄			合28577 京津4523				
105	霆			合28767		合37362		
106	兑			合28801				
107	戠			合28828				
108	衣			合28877～28881		合37552		
109	勾			合28907	合33529			

续上表

田猎地		时期					擒获之动物	备考
序号	地名	一	二	三	四	五		
110	盂			合 28914	合 33527	合 37414		
111	㭎			合 28908	合 33529	合 37414	隹	
112	向			合 28943	合 33530	合 41810		
113	凡			合 28945 粹 1017				
114	杏			合 28982				
115	徏			合 29288 屯南 2326	合 33560			
116	盉			合 29268		合 37380	狐、麂	
117	宕			合 29256 后（上）15.3				
118	毇			合 29285	合 33537	合 37661 合 37461		
119	椒			合 29289				

续上表

田猎地		时 期					擒获之动物	备 考
序号	地名	一	二	三	四	五		
120	羌			合29310 英集2289		合37408	鹿	
121	齐			合29313				
122	㓝			合29319~29323	合33363		鹿	
123	徍			粹989				
124	辰			屯南3599				
125	贤			合29328 宁沪70				
126	㬎			合29395				
127	猷			合29300~29340				
128	成			合29334 屯南4327				

续上表

田猎地序号	地名	时期 一	二	三	四	五	擒获之动物	备考
129	门			合29341~29342				
130	碱			合29343	合33557			
131	涵			合29345				
132	宿			合29351				
133	宋			合29358				
134	藕			屯南4045 甲2033				
135	豆			合29364				
136	毁			合29385 京津4462				
137	槭			合92365				
138	淮			合29366	合37437			
139	窒			合29368 前6.30.7				松丸释为"宐"

续上表

田猎地序号	地名	一	二	三	四	五	擒获之动物	备考
140	旦			合29372				
141	㑌			合29377				
142	鼓			屯南658 粹987				
143	後役			屯南3759				
144	穆			屯南4451 甲3636				
145	上下录			屯南2116				
146	狱			屯南3777				
147	罡			屯南731				
148	利			屯南2299				
149	鸡			合29031 屯南4357		合37363 怀特1915	狐、虎	
150	宋			屯南1098				

续上表

序号	田猎地 地名	一	二	三	四	五	擒获之动物	备考
151	蒿			合 29375				
152	税			屯南 2739		合 37409		
153	斅			屯南 1441				
154	亚			屯南 888				
155	㝫			屯南 2061				
156	庞			屯南 2409				
157	渭			屯南 2409				
158	戈			屯南 4033				
159	盥			屯南 217				
160	豊			怀特 1444				
161	𩒨𩰫			合 28962 屯南 2551	合 33560			
162	𡧊			怀特 1447				疑与"齐"为一字

续上表

田猎地序号	地名	时期 一	二	三	四	五	擒获之动物	备考
163				合28403		合36700		或谓与"丫"为一字
164				合28420				
165				合28737				
166				屯南745 合28917				
167				屯南2711 合28944				
168				屯南2136	合33373	合37711～37714		
169				合28982				疑与"齐"为一字
170				合29237				
171				合29239 掇1.401				

续上表

田猎地		时期					擒获之动物	备考
序号	地名	一	二	三	四	五		
172	〇			合29273 京都2049				
173	〇			合29279～29281				
174	〇			合29334 英集2294			鹿	
175	〇			合29371				
176	曾			屯南815				
177	瀗			屯南2116				
178	香			屯南4490				
179	〇			屯南1098				
180	〇			屯南1098				
181	〇			屯南2150				
182	〇			屯南86				

续上表

田猎地序号	地名	一	二	三	四	五	擒获之动物	备考
183	罙			屯南 2386				疑与"齐"为一字
184	哭			屯南 2386				疑与"奂"为一字
185	福			屯南 2409				
186	阝			屯南 217				
187	𢍰			屯南 217				
188	𢦏			合 29351 宁沪 1.384				
189	安			合 29378	合 33551	合 37568		
190	㚔傻			合 29388				
191	砅			合 29399 京都 2099		合 37786		
192	渊			合 29401 屯南 722				

续上表

田猎地		时 期					擒获之动物	备 考
序号	地名	一	二	三	四	五		
193	楇			合 29408				
194	彔			合 29412				
195	𢆉			合 29411				
196	皲			英 2290				
197	殷			英 2293	合 41570	合 37727		
198	卉			粹 976				
199	宲			粹 960				
200	胖			英集 2295			鹿	
201	犾			英集 2302				
202	麆			英集 2327				
203	俟			甲 3919				
204	孝			甲 3918				字未识，疑是地名
205	𠂤			京都 2059				

续上表

田猎地		时 期					擒获之动物	备 考
序号	地名	一	二	三	四	五		
206	向			南北·师 1.170				
207	罕			后（下）39.14				
208	沘			甲3916				
209	𤉢			屯南2170				
210	山			甲1937				
211	比			甲778				
212	雈			合33384				
213	劉			合33532				
214	𣂰			合33532				疑与"𣂰"为一地
215	畞			合33378				
216	莫			合33545				
217	盂			合33569				
218	𥄗			合33572				

续上表

田猎地		时期					擒获之动物	备考
序号	地名	一	二	三	四	五		
219	奚				合33573	合37474	狐	
220	麓				屯南1021			
221	靳				续存（下）351			存疑
222	云				甲620		兕	
223	彡				合33382			
224	喿					合37363	兕、犬、狐、雉	
225	覃					合37380		
226	召					合37429	鹿	
227	去					合37392		
228	倞录					合37398	兕	
229	燓					合37403	鹿	疑与"虋"为一字
230	雒					合37406		
231	玟					合37408	鹿	

续上表

田猎地序号	地名	一	二	三	四	五	擒获之动物	备考
232	玉					合37430		
233	㻭					合37455	麋、雉	
234	塦					合37600		
235	旧					合37434	鹿、狐	
236	爵					合37458		
237	目					合37458续3.31.6	麋、狐	
238	沃					合37459	麋	
239	㫃					合37462		疑即"䨛"
240	医					合36641		
241	未					合37473前2.27.5	狐	松丸释为"戈"
242	豪					合37474		
243	淩倸					合37475		

续上表

田猎地		时期					擒获之动物	备考
序号	地名	一	二	三	四	五		
244	枾					合 37475		
245	敏菉					合 37485	鹿、麋	
246	䚘					合 37492 续 3.27.2	狐	
247	高					合 37494 缀 214		
248	潢					合 37514 通纂 730		
249	徕					合 37517		
250	攸					合 37519		
251	亯					合 37662		
252	天					合 37750 前 2.27.8		
253	𩵋					合 37777		

续上表

田猎地序号	地名	时期 一	二	三	四	五	擒获之动物	备考
254	大					合37779		
255	休					合37789		
256	元					英集2562		
257	柳					英集2566		
258	自东					合37410		
259	旁					合37791		
260	𣎆					合41811	狐	
261	枔					合41181		
262	𦥑					怀特S1858		
263	冋					续3.27.6		
264	小重					掇2.424		
265	先𣏾					掇2.424		
266	𣨳					合37383 续3.24.5	兕	

续上表

田猎地		时　期					擒获之动物	备　考
序号	地名	一	二	三	四	五		
267	麓					合37451	狐、鹿	
268	木					珠121 簠·游90		
269	牛					金577		
270	䑕					簠·游99		
271	斿					合37363 珠121	罴、狐	
272	珠					前2.24.7		
273	㲋					前2.21.1		
274	夫					库1548 英2558		
275	小豐					南北·明798		
276	大					安明3174		

由上表可知，武丁时期卜田猎之辞记田猎地者甚少，因时王之目的在获取兽类，重点不在择地也。目前所见，共得地名65个（其中有两地尚存在疑似之间）。

祖庚祖甲时期田猎卜辞既少，言及田猎地者尤少，目前所见计得23地，其已见于第一期者6地：斿、妻、☒、宫、麦、商，其余17地为此期所首见。

廪辛康丁时期田猎卜辞最为丰富，且多择地之卜，故所记田猎地名亦至多。据上表，其田猎地有150个。其中与第一、第二期相同者有20余地：麦、丧、宫、陑（陑麓）、斿、浇、介、函、目、☒、妻、牢、敼、甗、溇（溇麓）、万、兆、敝、臺、棥、行、梛。其余则为此期首见，也许就是新开辟的田猎地。

武乙文丁时期出猎卜辞不如上期，所见田猎地名亦较上期为少。其已见于以往各期卜辞之地名有29个：浇、斿、牢、劳、白、目、来、嚳、柏、虘、𩵋、硪、盂、棶、勹、向、丧、殹、棥、商、安、宫、悆、臺、并、敼、箕、斆、殷。其不见于以往各期卜辞而为此期所首见者仅有13地。

帝乙帝辛时期田猎之辞亦至多，且辞中多记田猎地，称"田某"或"田于某"者为普遍形式；亦有称"过某""过于某"者（"过"本身并非田猎名称，但与田猎关系密切，详见《迻迒辨》），田过之地有同有异。此期之田猎地，已见于第一至第四期者有34地，其中与第三、第四期相同者居多：牢、商、𨕙、鏖、鸡、棶、宫、丧、盃、斿、羌、臺、劳、税、盂、淮、麦、奚、浇、玉、衣、安、目、☒、殷、殹、嚳、向、来、溇、棥、砅、虘、陑。而廪辛康丁期间100余处田猎地名不见于此期；此期之田猎地名未见于以往各期者亦有54个，这一现象极值得注意。这些地方当为帝乙帝辛时期新辟之田猎地，占此期所见田猎地名的三分之二。

综上所述，从武丁至帝乙帝辛，诸王田猎地点异多同少，且有不断扩大增加之势。另外，既辟新地，其旧地或已转为农田、畜牧地，或干脆废弃，不能详知。饶有趣味的是，商王之田猎地中有一些是方国名，如先、沚、杞、攸、卢、羌等。这说明商王可在诸侯国内打猎，既为游乐，亦借以显示武力，一举而两得。（参阅杨升南《卜辞中所见诸侯对商王室的臣属关系》，见《甲骨文与殷商史》，上海古籍出版社1983年版。）

二、关于田猎地点的考定及推断各田猎地之间距离的方法

卜辞所记270余个田猎地，有可考者，有不可考者；有可与后世地名相印证者，亦有无法确定其地望者。诸多无从确定地望之地名，有可据卜辞约略知其相互距离者，更有孤文残辞，无以知其与其他地点之关系者。确切地考定各期商王的田猎地，是一项极为艰巨的任务，还有赖于甲骨学者与历史地理学者的共同努力。本节所述，主要是以往的研究成果，就便讨论一些有争议的问题，希冀能对今后的研究有所裨益。

将卜辞地名与传世古籍相印证从而考订其地望者始于王国维《殷虚卜辞中所见地名考》一文（见《观堂集林》所附《观堂别集》卷一，中华书局1959年版）。王氏云："殷虚卜辞中所见古地名，多至二百余，其字大抵不可识，其可识者，亦罕见于古籍。其见于古籍者如齐𨻲、如霍𨻲、如召、如噩（今释"丧"）、如向、如画、如渗，皆距殷颇远未敢定为一地。"王氏认为"略可定者"有8个地名，其中河北3地：龚——汲郡共县（今河南辉县），盂——疑即邢（今河南怀庆府河南县），雝——雍城（今怀庆府修武县西）；河南5地：亳，曹（今山东定陶县），杞——雍丘（今河南杞县），𢦏（卜辞作𢦏）——载（后汉改为考城），雇——扈亭（今怀庆府原武县）。"此八地者，皆在河南北千里之内，又周时亦有其地。殆可信为殷天子行幸之地矣。"王氏所考8地中盂、雝、杞3处即为殷王曾往田猎之地。以此法考证殷代地名，较为可信，但卜辞所载与古籍相印证若合符节者甚少，故可据以考定者委实不多。王氏之后，经郭沫若、董作宾、陈梦家、王然伟等学者用此法考证之田猎地名有：①衣——殷（在今沁阳县，《通纂》625片考释）；②高——鄗（今河南荥泽县境）；③向——即《诗·小雅·十月》"作都于向"之向（今河南济源县西南，《通纂》640片考释）；④䰚——宁（今河南获嘉县西北修武）；⑤来——郲（今河南荥阳县东40里，见黄然伟《殷王田猎考》引程发轫《春秋地名图考》）；⑥召——邵（今垣曲县东邵源镇，《通纂》615片考释）；⑦毇——郲（郲城，今河南修武县西北太行山侧，黄然伟说）；⑧㓞——索（约在今河南荥阳县东南16里，张秉权说）；⑨良——良城（今江苏邳县北60里，《通纂》708片考释）；⑩鸡——鸡泽（鸡丘，地与安阳相隔仅一日路程，《通纂》643片考释）；⑪宫——宫乡（今河

南项城县);⑫唐(今河南洛阳县东之唐聚);⑬浼(兖,原城东北之东丘城,张金霞说。见《󰀀字及其地望考》,中国古文字研究会成立十周年学术研讨会论文)。此外,饶宗颐著《殷代贞卜人物通考》一书于辑录有关卜辞时,亦随文考证若干田猎地名,具见本书《各期贞人所卜田猎卜辞辑录》所引。

迄今所可大略考定之田猎地,保守点说,不过20余地,仅占总数的十分之一。对于不见于经传的大量田猎地,只能大体上推知其相对的地望,或与某地相近,或至某地有若干日之行程。其方法是根据同版卜辞所见之地名,依其所记之干支予以推断。此法通称干支系连法,郭沫若1933年编著《卜辞通纂》时即已采用。如《卜辞通纂》第659片至663片,均云在某地贞王田衣,郭氏云"上五片之地名(按指辜、浼、木、󰀀、膏、羌、高、洓、税等)均与衣(殷城)接壤,可知均当在沁阳附近也"。第708片(《前》2·21·3)有地名良与󰀀,郭谓"󰀀无可考,当与良接壤"。又如第740片契"王步"之辞五段(释文,标点悉依郭书):

丙戌卜,在亘贞今日王步于〚敀〛,亡󰀀。
庚寅卜,在敀贞王步于杏,亡󰀀。
壬辰卜,在杏,贞今日王步于󰀀,亡󰀀。
癸巳卜,在󰀀,贞:王征󰀀,往来亡󰀀,于󰀀北。
甲午卜,在󰀀,贞王步于剌,亡󰀀。

郭氏据以推断云:"丙戌至庚寅五日,由亘至敀有四日以内之路程。庚寅至壬辰三日,由敀到杏当有二日以内之路程。杏即杞,今河南杞县也。由安阳至杞可四百里,道里约略相当。由杞至󰀀仅一日路程。󰀀离󰀀甚近,一日可以往还。剌离󰀀之远近则不可知,要必相去不远。然除亘杏二地外,余均无考,即字亦不尽识。"这一推断合情合理,令人信服。类似的例子如《合》12·36501〔见本书《甲骨文·田猎刻辞选粹摹本》(以下简称《选粹》)242〕,乙巳在某地卜田商,丙午在商贞步于乐,乙酉在乐贞步于丧,庚戌在丧贞步于香,可证由商至乐约须三日行程,由乐至丧仅须一日行程,而香距丧亦必不远。而据《英集》256片云:"庚戌卜,在丧贞:今日步于香,亡󰀀?辛亥王卜,在香贞:今日步于󰀀,亡巛?"可证两地亦仅须一日路程也。又如《合》12·37475（《选粹》232），庚子在淩倷贞"今日步于柙"，辛丑在柙贞"今日步于昜"，可证由淩倷至柙仅有一日行程，而由柙至昜当亦不远也。再如《合》12·37434（《选粹》226），戊午在羌，贞田旧；已未亦在羌，贞"今日步于㡭"，庚申在㡭贞"今日步于尌"，可知旧地距羌较近，当日可"往来"，而自羌至㡭有一日行程，㡭与尌两地亦相距不远。

用干支系连法推断某些田猎地之间的相对距离或曰行程日数，其可信程度取决于同版诸辞是否均记有占卜地。上述诸例之所以较为可信，以有占卜地故也。若无占卜地可资依据，则虽同版依次占卜至某地田猎，干支相接，也不能贸贸然推断各地之间行程距离。例如《续存》上2366云：

丁巳王卜贞：其田于丧，往来亡巛？
戊午王卜贞：其田于宫，往来亡巛？

若因丁巳戊午干支相接而断言丧与宫相距最短，仅有一日行程，便不免有些武断了。二辞均不记在何地所卜，判断丧宫二地距离也就失却了依据。特别是二辞均卜"往来亡巛"，很可能是同在某地所卜：丁日卜田丧，未遂行；戊日再卜田宫，亦未必遂行。丧与宫均在某地附近，甚至只消半日行程（一日可往来也），由此片可以证明。丧与宫或许实际上只有一日行程，但此片却无以为证。再如《粹》983云：

辛亥卜，贞：王其田盂，亡戋？
壬子卜，贞：王其田向，亡戋？
乙卯卜，贞：王其田料，亡戋？

就卜辞本身而论，只能认为盂、向、料三者同在某地（占卜地）之附近。若据以推断盂到向一日行程，向至料有三日行程，便难服人。关键在于无从知道壬子日商王在盂，而乙卯日商王方至向也。

仅凭同版卜辞的卜日干支关系来推断田猎地之间的行程日数，除了不可尽信之外，还会陷入混乱与矛盾之中。下面不妨略举数例以明之。

例一：《合》11·33542（《粹》975，《选粹》208）

(1) 辛巳〖卜〗，贞：王其田向，亡戋？
(2) 壬午卜，贞：王其田丧，亡戋？
(3) 乙酉卜，贞：王其田向，亡戋？
(4) 戊子卜，贞：王其田盂，亡戋？
(5) 辛卯卜，贞：王其田丧，亡戋？
(6) 壬辰卜，贞：王其田向，亡戋？
(7) 乙未卜，贞：王其田丧，亡戋？

郭沫若云："每日一卜，或隔二三日一卜，而所卜者均系田猎之事，殷王之好田猎，诚足惊人。"这是正确的分析；若再进一层，则谓向、丧、盂三地均在某地——商王行幸所至之地附近亦可；但若据以推断三地日程，则殊可笑。据（1）（2）及（5）（6）诸辞，向至丧一日行程；而据（2）（3）及（6）（7）诸辞，由丧至向却是三日行程。前后矛盾明显之极。这类卜辞之不能作为推断依据，想来不致有何异议。

例二：《屯南》660
(1) 壬戌卜，贞：王其田㘝，亡戋？
(2) 甲子卜，贞：王其逆㭞，亡戋？
(3) 乙丑卜，贞：王其逆䰞，亡巛？
(4) 戊辰卜，贞：王不田，亡巛？
(5) 辛未卜，贞：王田䢉，亡巛？
(6) 乙亥卜，贞：王其田丧，亡戋？
(7) 戊寅卜，〖贞〗：王田䰞，亡巛？
(8) 辛卯卜，贞：王田䰞，亡巛？
(9) □□〖卜〗，贞：王田䢉，亡巛？

姚孝遂、肖丁两位先生认为此版卜辞始于"壬戌"，终于"辛卯"以后，连续31日以上，是一个往返过程；㘝与㭞相距不超过二日路程，而㭞与䰞相距仅一日路程（见所著《小屯南地甲骨考释》第172页，中华书局1985年版）。按此版卜辞所含时间超过一月，是事实，至于是否为一个往返过程则殊难肯定。现既无法知道壬戌之日商王在何地占卜，至㘝打猎后是返回原地住于㘝，更难以证明商王壬戌日在㘝而甲子日在㭞，所

关于甲骨文各期田猎地点及田猎中心的讨论

以，𢆶与𣥂"相距不超过二日路程"的推测便显得缺乏根据。又，如按干支前后关系依次推算，辛未卜"田𩫖"而乙亥卜"田丧"，则𩫖丧二地之间岂非要四日行程？而按松丸道雄《田猎地》一文附表十一"第四、五期21地间行程所要日数表"（第84页），却仅须二日行程。

例三：《合》13·41819（《金》543，《选粹》243）

（1）壬戌王卜，贞：田𦰧，往来亡巛？王占曰：吉。在七月，兹御。

（2）乙丑王卜，贞：田𦰧，往来亡巛？王占曰：吉。

（3）戊辰王卜，贞：田𦰧，往来亡巛？王占曰：吉。

（4）辛未王卜，贞：田丧，往来亡巛？王占曰：吉。

（5）壬申王卜，贞：田𦰧，往来亡巛？王占曰：吉。兹御。

（6）丁丑王卜，贞：田丧，往来亡巛？王占曰：吉。

（7）戊寅王卜，贞：田𦰧，往来亡巛？王占曰：吉。兹御。

此骨共契七辞，卜日为乙丁戊辛壬，田猎地为𦰧与丧两处。如不问商王之占卜地而仅据干支推算，便只能认为自壬戌至戊辰计七日商王均在𦰧地；戊辰卜田𦰧而辛未卜田丧，可知𦰧与丧有三日路程。然而，由丧返𦰧仅须一日（辛未—壬申），再由𦰧至丧又须五日行程了（壬申—丁丑）。行程忽长忽短，所须之日时多时少，再次证明这种推算方法之不可信。松丸道雄的表上，𦰧至丧是一日行程，不能说无据；但若据此版而谓两地有三日路程乃至五日行程，似乎也是有据的。其实，就本版卜辞而论，只能证明商王想至𦰧、丧两地打猎，均问"往来亡巛"，可见即使外出（往），还是要返回（来）驻地的。既然如此，只能说明𦰧、丧两地均在商王当时驻跸之地附近，两地间行程或许真的只须一日，但与本版卜辞之干支委实无涉。而且，七条卜辞，虽均有"王占曰：吉"之语，而记"兹御"者仅壬戌、壬申、戊寅三辞，田猎地均为𦰧。故虽两度占卜"田丧"，且得吉兆，商王未必真的于当天前往丧打猎，更不必说驻跸于丧了。既然如此，据本版干支推断丧、𦰧两地距离除了混乱与矛盾之外，还有多少可信之处呢？

例四：《续》3·16·7

（1）戊寅卜，贞：王往田丧，往来亡㞢？
（2）戊子卜，贞：王田𦥑，往来亡巛？

若据此片而谓丧、𦥑两地有十日行程，岂不大谬。松丸氏表上所示为二日行程。

例五：《续》3·18·2
（1）戊午王卜，贞：田𡈼，往来亡㞢？
（2）辛酉王卜，贞：田㬢，往来亡㞢？
（3）壬戌王卜，贞：田𦥑，往来亡㞢？

黄然伟《殷王田猎考》一文解释曰："戊午卜，田于𡈼，后三日（原文误印为'月'）辛酉卜田于㬢；翌日壬戌卜田于𦥑。㬢、𦥑两地只有一日行程之距离，相距最近。"若以同法推求，则𡈼、㬢两地当有三日行程之距离。而松丸氏表上所示，𡈼与㬢亦为一日行程，殆所据卜辞不同故耳。

以上诸例足以说明，仅凭卜日干支系连判断两地间行程日数，伸缩性很大，可靠性很小。所以，以往不少学者用此法推定的各田猎地之间的距离或行程日数，以及据以排列的行程关系表、所要日数表，绘制的商王田猎地图等，均有可疑，其可信程度都要大大地打个折扣。

总之，对田猎地名的系连，必须采取慎重的态度。相对来说，钟柏生考求卜辞田游地名之地望时使用的干支系连法是较为慎重的，因而也较为可信。即便如此，运用此法也只能大致推测各田猎地之间的相对距离而已，真正要考定其在地图上的位置，与今地名相对应，仍是十分困难的，还有赖于日后深入的研究和新资料的发现。

三、关于商王田猎区的讨论

从武丁至帝辛，七世九王，200余年间田猎之事从未间断，见于卜辞之田猎地名多至270个以上，这就自然地要引出一个令人感兴趣的问题：历代商王有无田猎区或田猎中心？各个时期的田猎区或田猎中心有无变化？

早在20世纪30年代，郭沫若编纂《卜辞通纂》之时，即曾意识到，商王田猎是有其中心区的，即卜辞之衣，今之沁阳。其"序"谓"帝乙亦好畋游，其畋游之地多在今河南沁阳县附近"，并据第 635、637、642 诸片断言"噩（今释丧）衣盂雔四地必相近。……卜辞衣地与盂噩近，当即殷城……其地仍在今沁阳。是则噩盂衣雔相近四地均在沁阳矣"。又曰："知衣为殷城，卜田于此地之辞极多，盖殷人设有离宫别苑于此。故其国号本自称商，而周人称之为衣，后又转变为殷也。"其《考释》之畋游部分又先后指出 ᛘ（危）必在永城附近（613 片），率（浇）、ᛯ、皋、玘、砅、洓、税、羌、高、膏、鬵等地"均与衣（殷城）接壤，可知均当在沁阳附近"（661 片），豪地"与噩相近，当亦今沁阳县附近之地"（672 片），"射疑即续汉郡国志野王之射犬聚，在今沁阳县东北"（716 片）。沁阳田猎区之说，实郭沫若首创也。

差不多与郭沫若著《卜辞通纂》同时，董作宾著《甲骨文断代研究例》，"事类"部分以田猎卜辞为例，但尚未提及田猎区问题；至 20 世纪 40 年代，他作《殷历谱》，明确提出田猎区问题，所论与郭说大相径庭。他说："殷人以其故都大邑商所在地为中央，称中商，由是而区分四方，曰东土南土西土北土……东土有'田猎区'，为武丁以至帝辛历代殷王田游所必至。"董氏复列殷王田猎区内重要地点 30 个，谓"今可推知者均在大邑商之附近，尤以商之东及东北、东南为多。度其方位，在泰山与蒙山之西，南至于淮，北至于洛之地带也"。至 20 世纪 50 年代，董氏作《甲骨学五十年》，重论甲骨断代十项标准，于"事类"一节中又再次强调其泰山蒙山之说。董氏云："据我的研究，殷代曾以今山东南部泰山和蒙山的西麓有山林川泽地带，作为一个大围场，从武丁以至帝辛，历代打猎多在其地，有地名数十各期习见，我称之为'田猎区'，这一类材料尚未发表。"（见该书第 127、128 页）后来在《武丁狩敏卜辞浅说》一文里，董氏进一步申论此说曰："历代殷王田猎都在一个固定的地方，我称之为'田猎区'，大致在大邑商（今商邱）以东，泰山和蒙山一带山麓，有森林湖泽地带，许多地名是有今地可考的。"（《大陆杂志》八卷十二期，见《平庐文存》卷三，《董作宾全集》乙编第三册）所谓"有地名数十""有今地可考"的许多地名，应当是在泰山与蒙山一带的，惜乎未见董氏具体的考证，难知其详。故董氏虽言之凿凿，读者却不能无疑，因为目前所知有今地可考或依稀猜度其大致地望的田猎地大都不在泰山与蒙山西侧山麓。

1956年陈梦家出版《殷虚卜辞综述》，在论及商王田猎区时，认为董氏"以为田猎区在大邑商附近，以为商即商丘，都是对的；而以大邑商为商，则是错的"。陈梦家明确指出："……晚世殷王好田。其田游之区，大约以衣（沁阳）为中心。"又说："此田猎区以沁阳为中心，西不过垣曲县东之邵源镇，东及于原武，北界为获嘉、修武、济源，南以大河为界。是在太行山沁水与黄河之间，东西150公里，南北50公里，地处山麓与薮泽之间。殷城在其中，南界偃师之西亳，而殷王所都之邢、丘与傲，均在区中，田猎所及之召亦有宗庙。东北距朝歌不远。此地区自古以来为田猎之所，魏献王田于大陆，而《春秋》僖二十八'天王狩于河阳'，亦当在此。"他不仅发挥了郭沫若关于沁阳田猎区的见解，运用同版地名系连的办法，提出噩（丧）、率（浇）、敦、膏、盂、羌、璞、砅、玨、洓、税、曹，计13个地名，皆在衣（即沁阳）附近，而且具体描绘了这一田猎区的大致范围。观其书末所附插图（九）可知他所谓的田猎区皆在今京汉线以西、太行山沁河与黄河之间。他以大邑商为衣即沁阳，以天邑商为淇，这样便与董氏所谓田猎一西一东截然相反了。

1959年李学勤出版《殷代地理简论》，否认卜辞之"衣"为地名，但也认为商代有田猎区。他说："殷代卜辞中所见猎区，可考的绝大部分在天邑商西部及西界外。根据地名联系及地理位置，我们可以试分之为四区。各区选择其中最显要的一个地名，我们称此四区为：凡区、敦区、盂区、邵（召）区。"按李氏的描述，滴水（即沁河）东侧天邑商内为凡区；沁水西岸最东的一个狩猎区域，为敦区；敦区以西为盂区，包括盂、勞、噩（丧）、榆（桧）、宫、向、囚（勾）等地；盂区之西为邵（召）区。此四区之说与陈梦家的说法比较接近，与当时的实际情形也可能较为接近，这将在下文详细予以讨论。

田野考古学家李济也曾就商代田猎区问题发表过重要见解。他在《中国文明的开始》一书中说："商代的统治阶级对大的猎获物有强烈的爱好，在小屯御花园里，饲养的动物肯定包括虎、象、猴，各种各样的鹿、狐、狼、野猪以及珍贵的动物如 Budorcas laxicalor，他们的田猎范围必定是包括大片森林地区的一个极大的区域，一直延伸到东蒙古和南满州。从这些地区，此外也从东海岸，商代的祖先们获得了一些外国的模糊的知识。商人可能是广泛使用战车于狩猎和战争目的的最早的中国人……"（*The Beginnings of Chinese Civilization*. 华盛顿大学出版社1957年版，第38页）李氏讲得如此肯定，或当有其根据。但在卜辞中很难找到证明。可能他把若干田猎地看作今东蒙古与南满洲之地了，如将商王在诸侯国内的打猎活动亦视为商王之田猎范围，则沚在今山西北部，接近内蒙古，谓其"一直延伸到东蒙古"亦未尝不可。又据《中国史稿地图集》上册图11《商代黄河长江中下游地区》所示，妻、眉近渤海，攸在今江苏徐州以东，妻、眉、攸均是商王曾至之田猎地，谓其一直延伸到渤海、黄海之滨亦未尝不可也。

几十年来，日本学者对商代田猎区问题亦表现了浓厚的兴趣。早年收集甲骨文的林泰辅著《龟甲兽骨文所见地名》（1919年版）推定田猎地约30个，以河南河北两省为中心，旁及山东、江苏、山西、陕西各省。观其所绘地图，直认安阳为大邑商，宫、夫、鸡、高等地均在"直隶"即河北省，而斿则在江苏北部黄海之滨，召雝等地复在陕西，其田猎范围至为宽广。20世纪50年代岛邦男著《殷墟卜辞研究》论及田猎地，亦认为商王之田猎活动是在中国北部广阔的原野上进行的。岛邦男还绘有《卜辞地名关系略图》，体现其对商王田猎区的看法。这个"关系图"，也是据同版卜辞所见地名推定的，有些是据贞旬卜辞中的地名推断的，以致有些田猎地之间竟需一旬乃至二旬的路程。如高—𢀛需一旬、𦎫—梌需二旬之类，极不可信。1963年，松丸道雄发表长篇论文《田猎地》一文，此为全面、系统研究商代田猎地名的专题论文。其第四部分"关于确定田猎地诸说之批判"评述了诸家关于田猎区的学说，认为均有错误与矛盾；其第五部分"田猎地的确定"，明确提出其个人见解。松丸氏认为，殷末的四个王（按指武乙—帝辛四王）在十日之中按二三日的比例连续百年之久持续举行田猎的目的地，全部分布在从某点出发仅须半日行程的地方（按田猎卜辞常有"往来亡巛"之语，松丸氏认为"往来"乃是当日之事，故有此半日行程之说）。这"某点"即为田猎中心，当为商王常住之地，非殷都莫属。松丸氏的结论是：田猎区真正的中心一定是河南省安阳的殷墟；以殷墟为核心的许多田猎地显然是分布在半径为15～20千米的范围内。松丸此说在甲骨学界引起过强烈反响，受到普遍的重视，有的学者据此发表了不同的意见。1987年9月，在中国安阳召开的中国殷商文化国际讨论会上，松丸道雄提出了《再论殷墟卜辞中的田猎地问题》一文（提纲），重申其1963年论文中的观点与结论，认为虽时隔20余载，依然正确无误。

几十年来海内外学者关于商王田猎区的论点概如上述。究竟孰是孰非，颇难遽下断语。较为公允的评论似乎应该是这样：诸说均有其合理性，只因都是建立在推测或拟测的基础上，主观成分较突出，故到目前为止，均难成为定论。沁阳说与泰山蒙山说一东一西，正好相对，二者必有一误。华北原野说范围失之过宽，以安阳为半径之田猎区说失之过窄，二者针锋相对，亦必有一误。当然，误中或有是，是中亦或有误，要得出肯定可靠的结论目前仍极困难。面对着 4 000 余片田猎刻辞、270 余个田猎地名，笔者甚至怀疑商代其实并没有所谓固定的田猎区，目前拟测或假设的商王田猎区并不符合当时的实际情况。这是笔者近几年研究田猎卜辞后得出的一点看法，说来令人扫兴，但恐怕事实便是如此。下面稍稍加以说明。

第一，对从武丁至帝辛有无所谓固定的田猎区便大有疑问。以往的研究者考察这一问题时大都缺乏断代观念或云时代观念，连董作宾也不例外。董氏创立了系统的甲骨文断代学说，在《甲骨文断代研究例》的"事类"项中举以为证的便是田猎卜辞，但偏偏在田猎区问题上他不考虑各个时期的特殊性了、不考虑断代的问题了。正是他反复强调商代从武丁至帝辛有一固定的田猎区，在泰山与蒙山一带。但是 4 000 余片田猎刻辞所反映的事实与董氏的论断南辕北辙，无法相合。从上文所列田猎地名表可知，现存武丁卜辞所记商王曾前往田猎的地名 65 个，见于祖庚祖甲卜辞者仅 6 地（斿、妻、㞢、宫、麦、商），见于廪辛康丁卜辞者 15 地（斿、淒、函、丧、极、妻、万、宫、鲛、辜、麦、䤨京、兆、㞢、𣪘），见于武乙文丁卜辞者 7 地（斿、丧、箕、并、宫、鲛、辜），见于帝乙帝辛者 6 地（斿、淒、丧、宫、辜、麦）。真正是历代商王均至的田猎地仅有 2 地，即斿与宫，其地望目前尚难确知。根据同版地名关系，宫与盂、丧等地相近，斿与向、召等地相近，皆在太行山之南、黄河之北，与泰山蒙山无涉也。武丁所至之田猎地中，后世三个时期前往狩猎者仅丧、敦（不见于第二期）、麦（不见于第四期）3 地。二者相加，亦仅 5 地，尚不足武丁所至田猎地的十分之一。而祖庚祖甲之后诸王所至之田猎地未见于武丁卜辞者多达近 200 地。这就足以说明，武丁时的田猎地在后世已大都废弃（也有可能转化为农田），所谓武丁至帝辛世世代代有一固定田猎区云云只是想象而已，实际上并不存在。

第二，从武丁至帝辛，田猎地点多所更易，田猎范围逐渐扩大，并非一成不变。如前所述,武丁所过之田猎地有60余地,祖庚祖甲时之田猎地仅23地,同于武丁时者仅6地,有17地为新开辟者。廪辛康丁时之田猎地不见于前期者有113个之多;武乙文丁时新开辟者有13地;帝乙帝辛时之田猎地计80余地,属新开辟者50余地,而前此各期中有150余地不见于此期。

第三,如果一定要说有什么"田猎区"的话,则该承认,商代各个时期的"田猎区"并不一样,地名有多寡、范围有大小。地名之多寡固可由比较而知,而由于大部分地名无法考知其确切地望或与今地的关系,在地图上难以标明其位置,故各个时期田猎区的范围实际上也难以确知。有些学者虽然言之凿凿,甚至将东西南北的界限都划定了,但其可靠性毕竟有限,而那些无法确知地望的地名(大量的)是否也在此范围内更是不得而知。像《合》10198(《选粹》1)所记武丁时一次大规模的田猎活动,所获野兽种类之多、数量之大均属罕见,但其田猎之地——敏相当于今之何地?在安阳之东、之西、之南、之北?距安阳几许公里?至今仍无从知晓。若谓亦必在以安阳殷墟为中心、以15～20千米为半径之圆圈内,则殊属无据。因为此次活动既不知其出发地(亦即卜辞的占卜地),亦不可断言其当日"往来",松丸的圆圈之说对此"敏"便失去了作用。而且,如此大规模狩猎,势必如董氏所言要兴师动众,绝无上午匆匆而去,仅以中午片刻之间狩猎,下午即班师回朝之理。就局部而言,此"敏"或即武丁之重要"田猎区",但武丁卜辞中仅此一见,更不见于后世之田猎卜辞,实在令人感到可惜。

第四,如果一定要讲什么商代"田猎区"的话,就目前所见资料而论,明显形成了"区"的当在廪辛康丁时期,即中期之后。自廪辛以至帝辛均曾举行田猎之地有:盂、丧、宫、敦、浇、牢、㝅(以上7地亦曾见于早期卜辞)、夒、盂、梌、向、鸡、䧹、殹、安、殷,计16处。先后见诸廪辛康丁卜辞及帝乙帝辛卜辞,而未见于武乙文丁卜辞之田猎地尚有漆、麦、阯、䕫、弖、𪏿、衣、㠯、羌、淮、枳、丨、砅,计13处。二者相加,共有29处,为百余年间商王常往田猎之地。此外,还有廪辛至文丁三代四王相继前往狩猎而不见于帝乙帝辛时期卜辞之地名,即敏、白、柏、虑、勹、徣、卹、破、㴻等9地。还有早期的田猎地,不见于第三期卜辞而复见于第四、第五期卜辞:来、叀。这些事实说明,廪辛至帝辛各王的田猎区多有交叉。而且,廪辛以后新辟的田猎地有170余处,其中偶见于卜辞者（或即系某一时期偶一前往）占了大多数：廪辛康丁时期88地，武乙文丁时期8地，帝乙帝辛时期45地，合计141地。若将这141处"田猎地"也算作固定的，或云历代共同的田猎区，便显得依据不足，自难令人信服了。

　　廪辛到帝辛百余年间共同的田猎地既然也有上述29个，它们所形成的范围，似乎也可视为广义的"田猎区"了。这个"区"究竟有多大，在地图上该如何准确予以标示，实在是目前尚无法解决而有待日后继续研究的课题。若从《中国历史地图集》第一册（中华地图学社1975年版）《商时期中心区域图》看，则百年间"共同"的田猎地大部分在沁阳附近，"沁阳田猎区"之说似乎基本上是正确的。

甲骨文田猎刻辞选粹摹本[①]

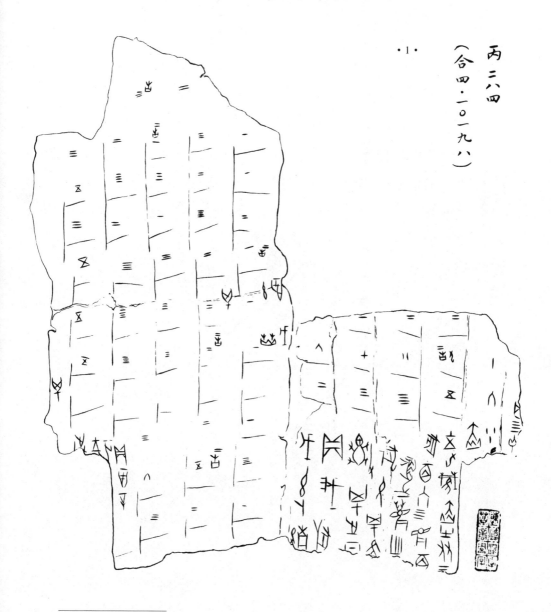

丙三八四
（合四·一〇一九八）

·1·

[①] 该摹本中的编号在文内出现时，用阿拉伯数字表示。

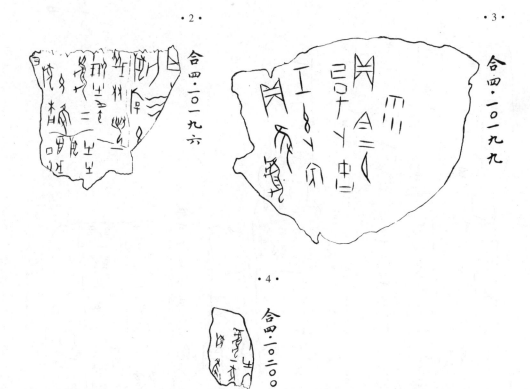

甲骨文田猎刻辞选粹摹本 89

·5·

合四·一〇二三四

·6·

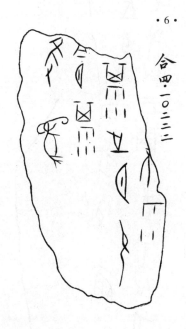

合四·一〇二三三

·7· 合四·一〇二二六

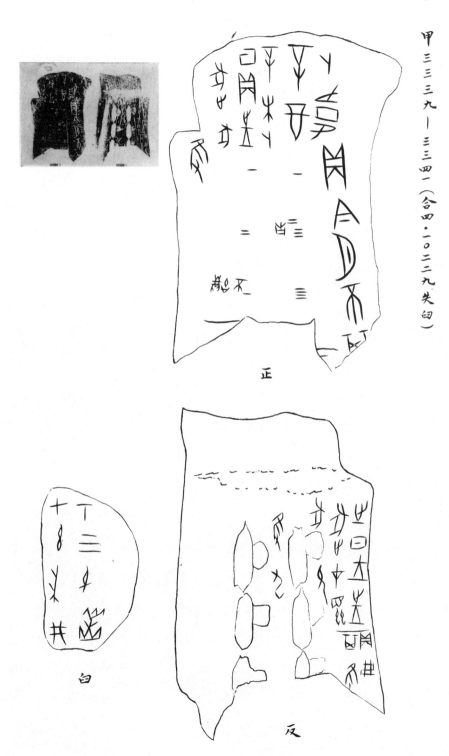

甲三三九—三三四一（合四•一〇二二九失臼）

· 9 ·

合四·一〇二三八

正

臼

· 10 ·

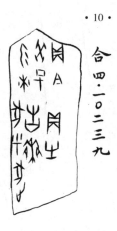

合四·一〇二三九

·11·

合四·一〇二五一
右行，三行王字缺刻横画

·12·

合四·一〇二七六

·13·

合四·一〇二九二

94 甲骨文田猎刻辞研究

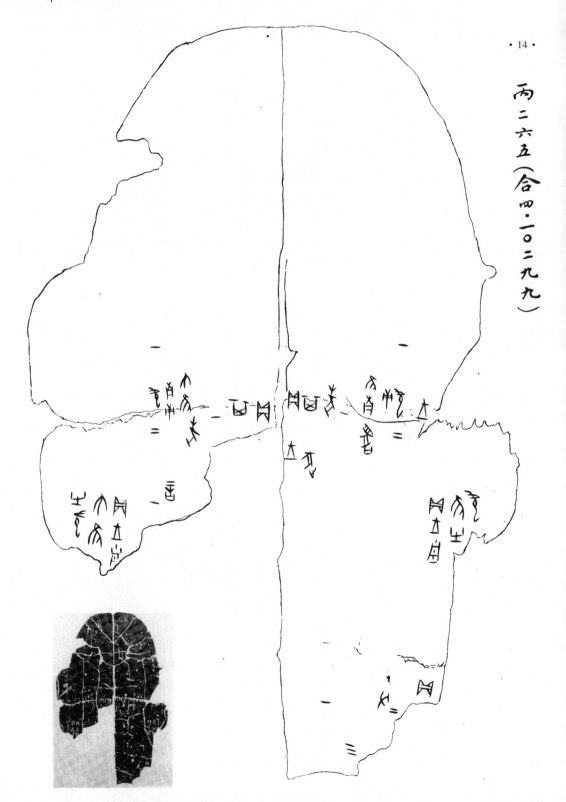

・15・

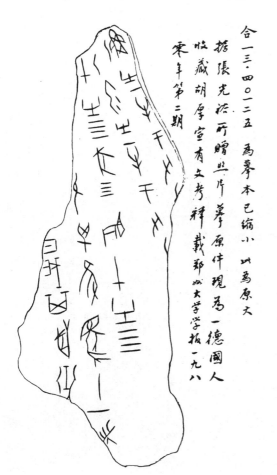

合一三·四〇二五 為摹本 已縮小 此為原大
據張光裕所贈此片摹原件現為一德國人
收藏 胡厚宣有文考釋 載鄭州大学学報一九八
零年第二期

・16・

合四·一〇三〇个

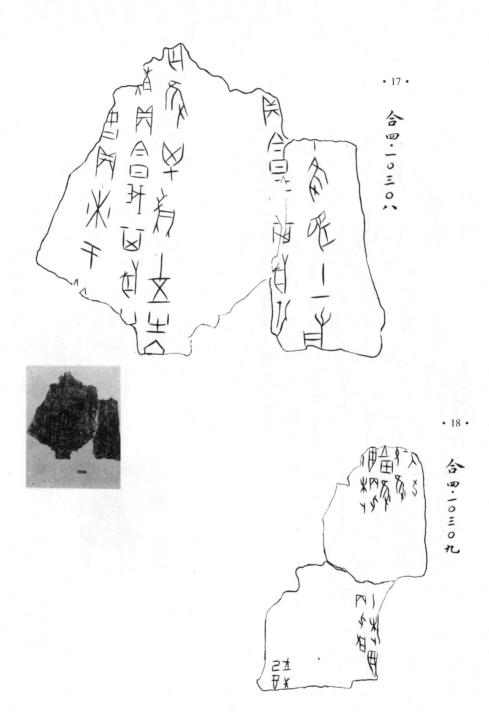

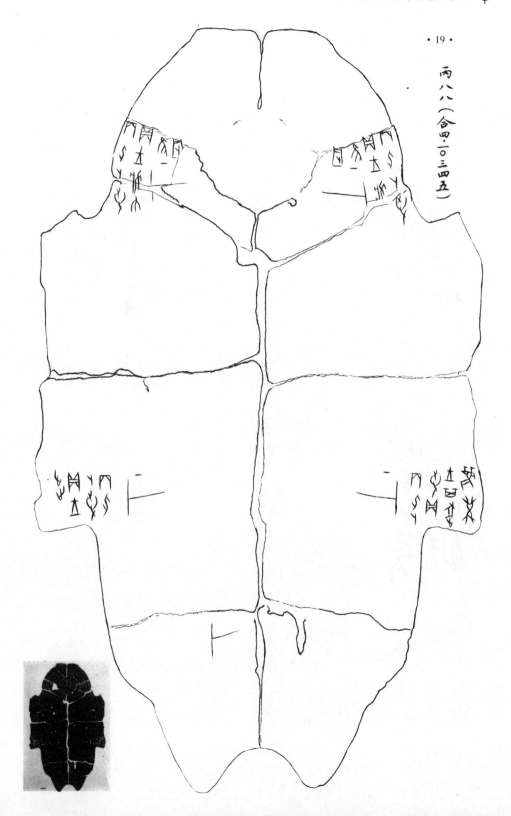

·19·
丙八八（合四·〇三四五）

· 20 ·
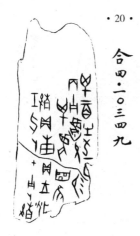
合四·一〇三四九

· 21 ·

合四·一〇三五〇

· 22 ·
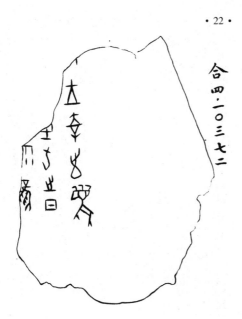
合四·一〇三七二

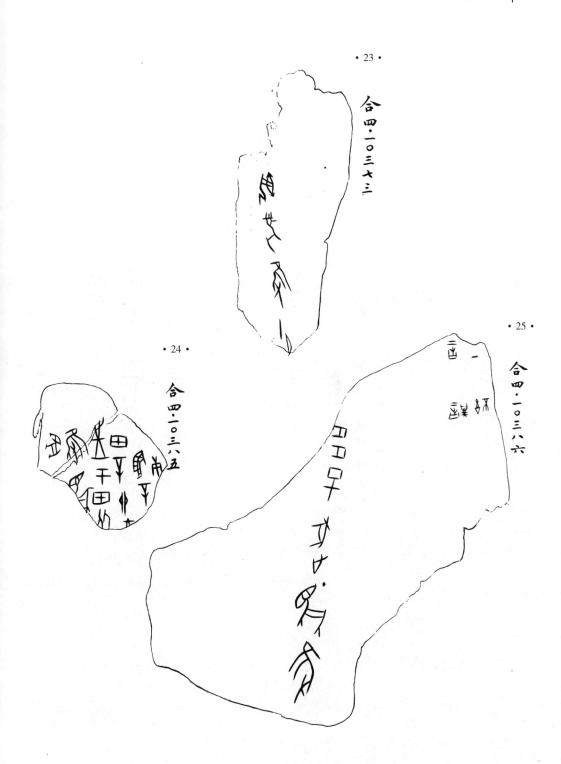

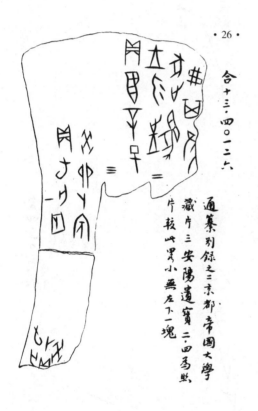

·26·

合十三·四〇一二六

通纂别录之三京都帝国大学藏片三安阳遗宝二·四為此片 較此器小無左下一塊

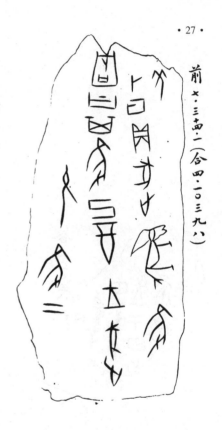

·27·

前七·三四·二（合四·一〇三九八）

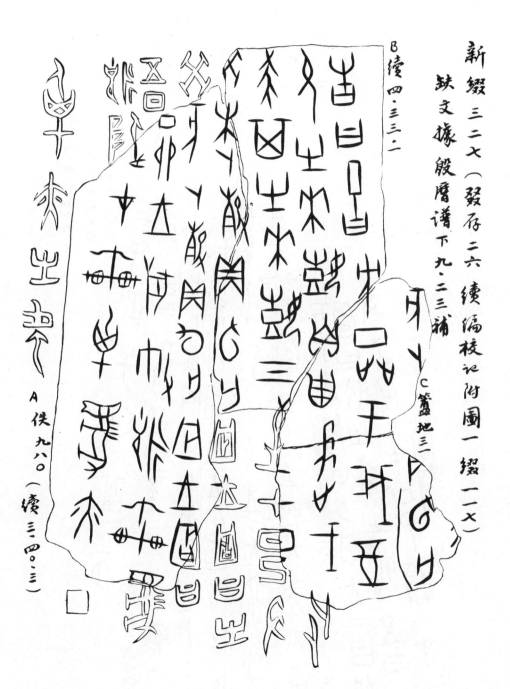

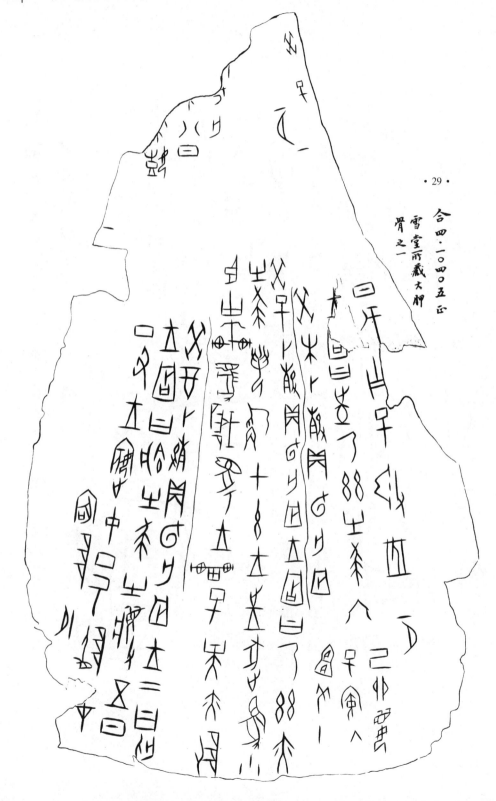

· 29 ·

合四·一〇四〇五正
雪堂所藏大胛
骨之一

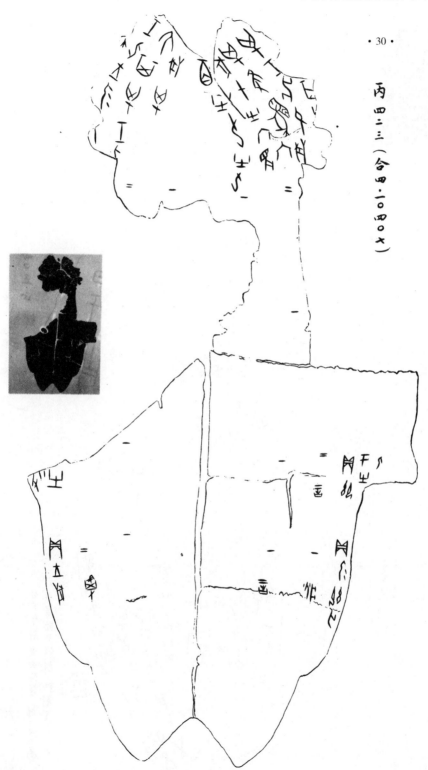

· 30 ·

丙四二三（合四·一〇四〇 x）

104 甲骨文田猎刻辞研究

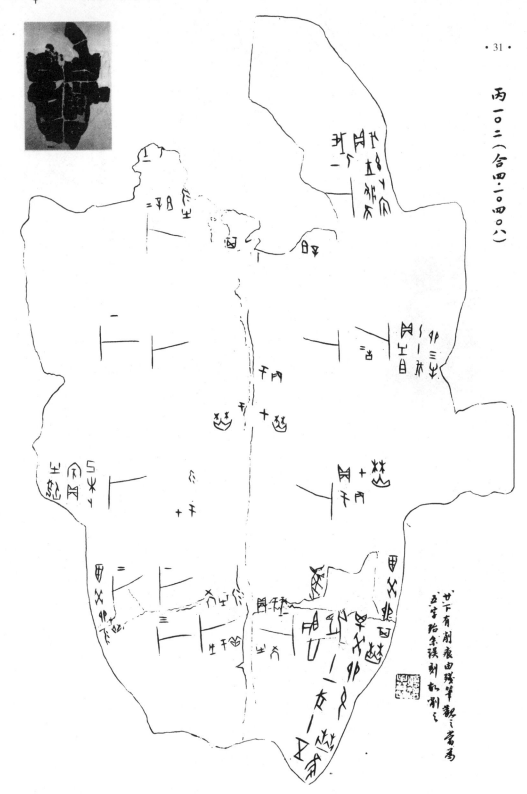

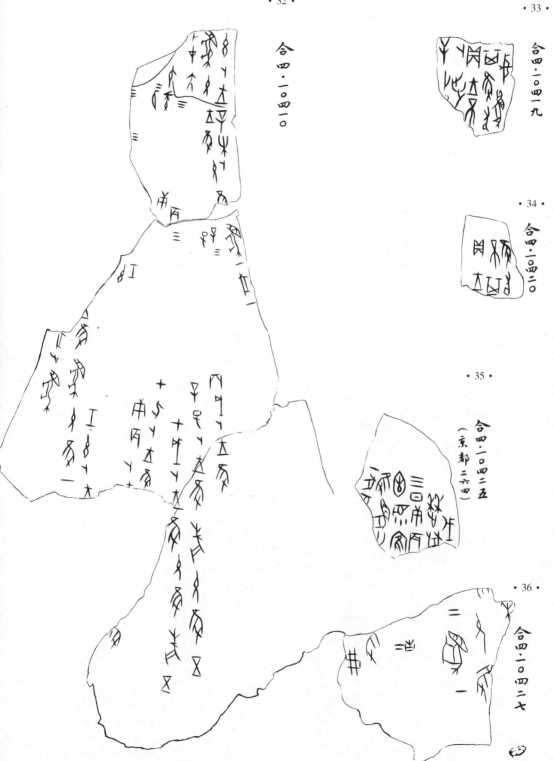

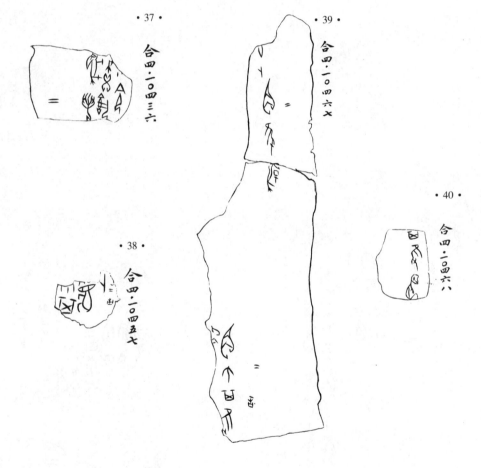

合四·二〇四八一 中行鱼字微泐

合四·二〇四八五

合四·二〇四八六

・44・ 合〇・一〇四八〇

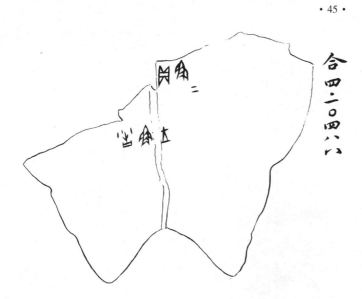

・45・ 合四・一〇四八六

・46・ 合四・一〇四九二

甲骨文田猎刻辞选粹摹本　109

・47・
合四・一〇四九五

・48・
合四・一〇四九六

10496

・49・
合四・一〇四九九

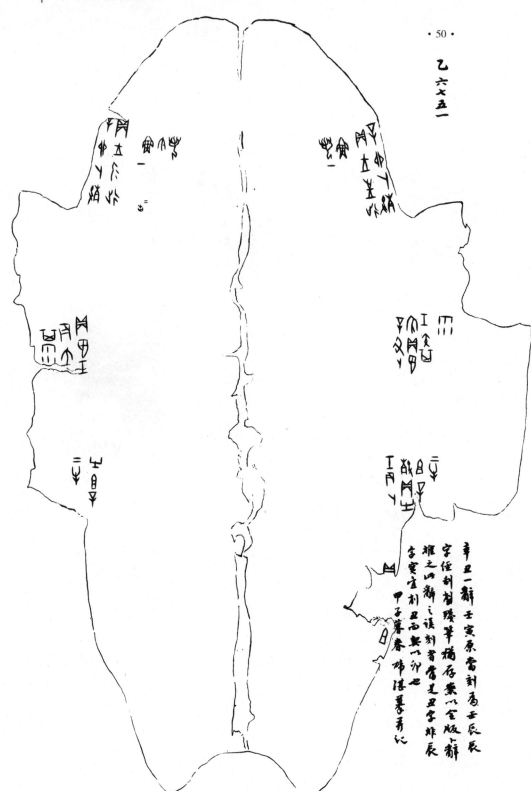

甲骨文田猎刻辞选粹摹本 111

• 51 •

合四·一〇五〇〇

• 52 •

合四·一〇五一四
（殷缀三五 新缀四八
甲释附壹柒捌）

A 甲三二二三
B 甲三二二三

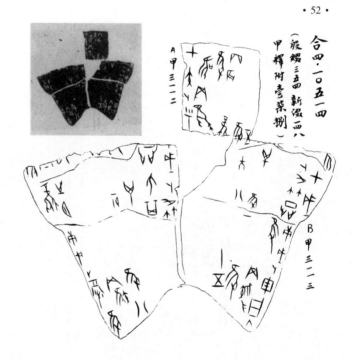

112 甲骨文田猎刻辞研究

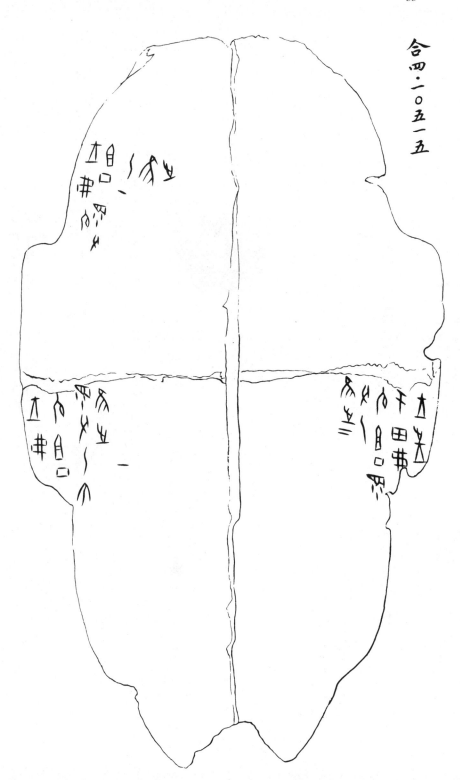

· 53 ·

合四·一〇五一五

· 54 ·

合四·一〇五一六

· 55 ·

合四·一〇五二九

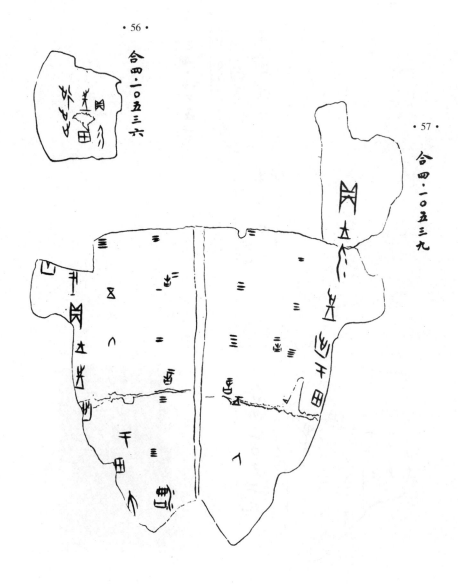

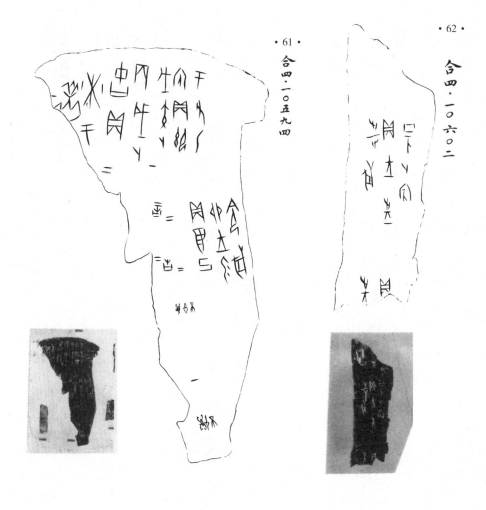

·61· 合四·一○五九四

·62· 合四·一○六○二

甲骨文田猎刻辞选粹摹本 117

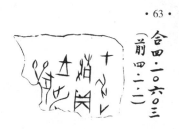

·63·
合四·一〇六〇三
(前四·二·二)

·64·
合四·一〇六〇八

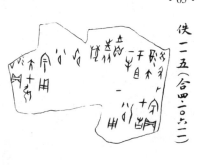

・65・ 佚二五（合四二〇二二）

・66・ 合四・〇六五五四為一成
套腹甲之第一版

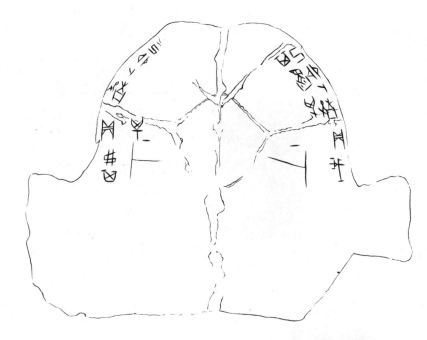

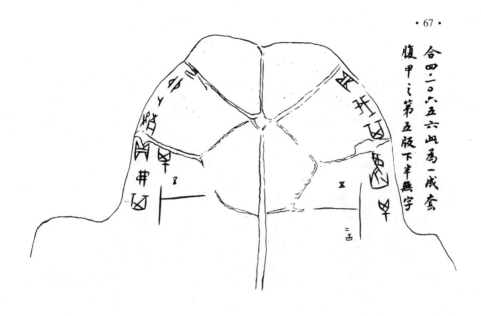

· 67 ·
合四·〇六五六 此為一成套腹甲之第五版 下半無字

· 68 ·
合四·〇六六一

· 69 ·
合四·〇六六〇

·70· 合四·一〇六二六

·71· 合四·一〇六二九

·72· 合四·一〇六三〇

·73· 合四·一〇六六一

甲骨文田猎刻辞选粹摹本 121

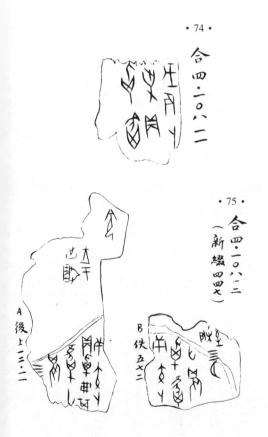

·77· 合四·二〇九〇四 右侧田下一字可疑

·78· 合四·二〇九二一

·79· 合四·二〇九二二

·80· 合四·二〇九二三

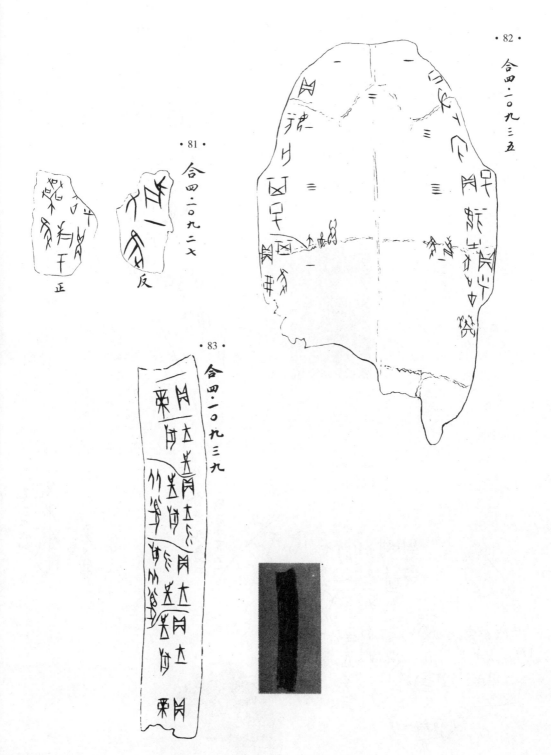

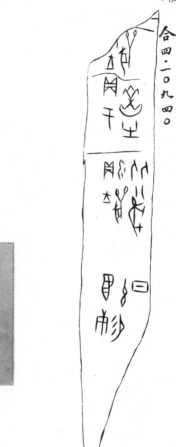

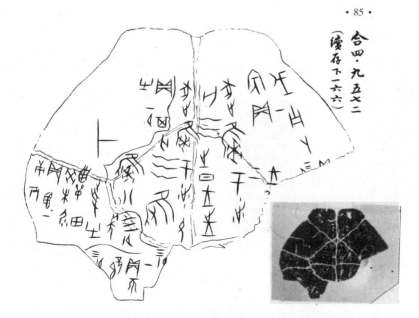

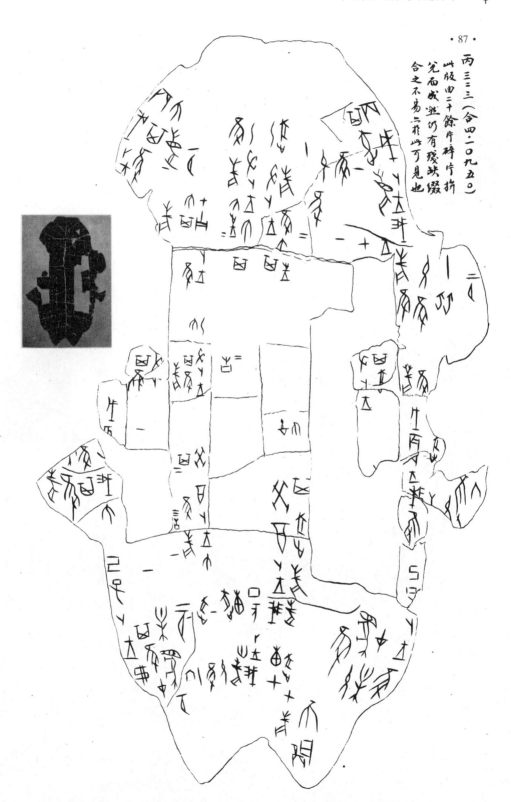

·87·
丙三三三（合四二〇九五〇）
此版由二十餘片碎片拼
凑而成，尚有殘缺，綴
合之不易，於此可見也。

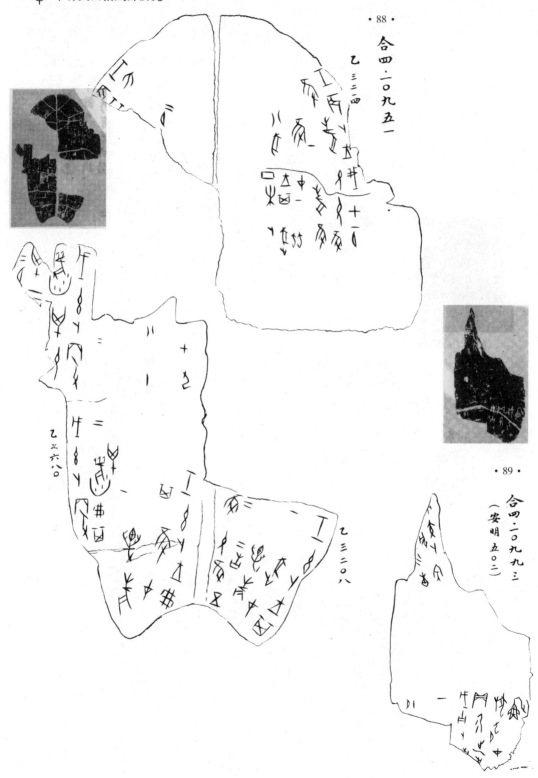

甲骨文田猎刻辞选粹摹本   127

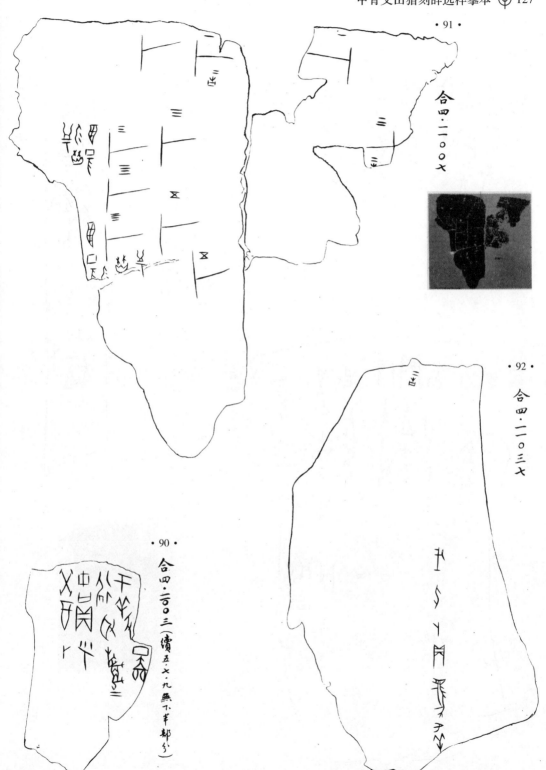

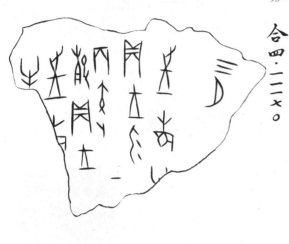

・93・ 合四·二三x0

・95・ 合二二x六

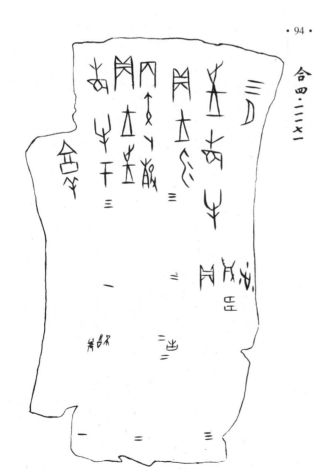

・94・ 合四·二三x一

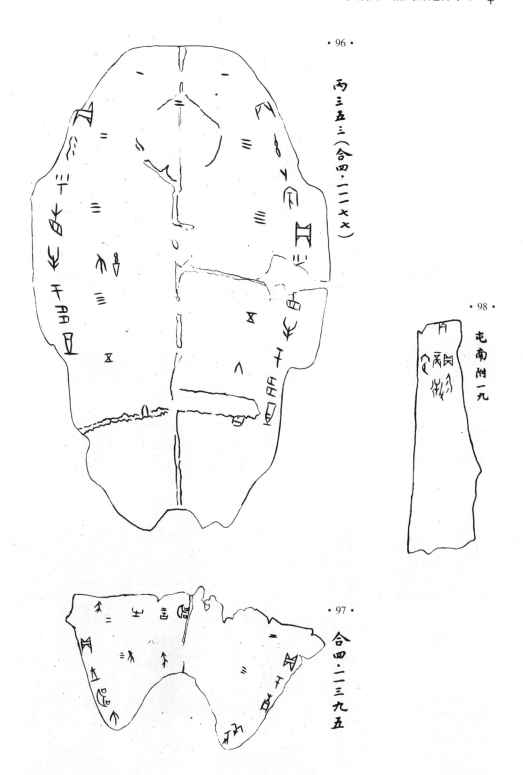

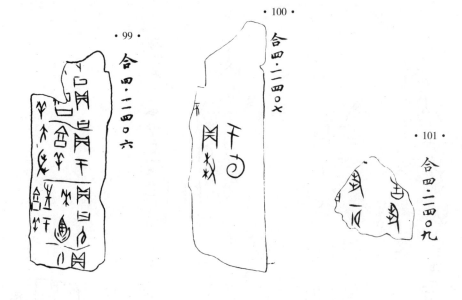
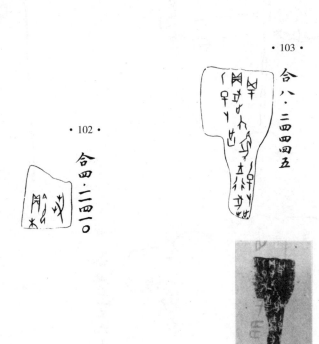

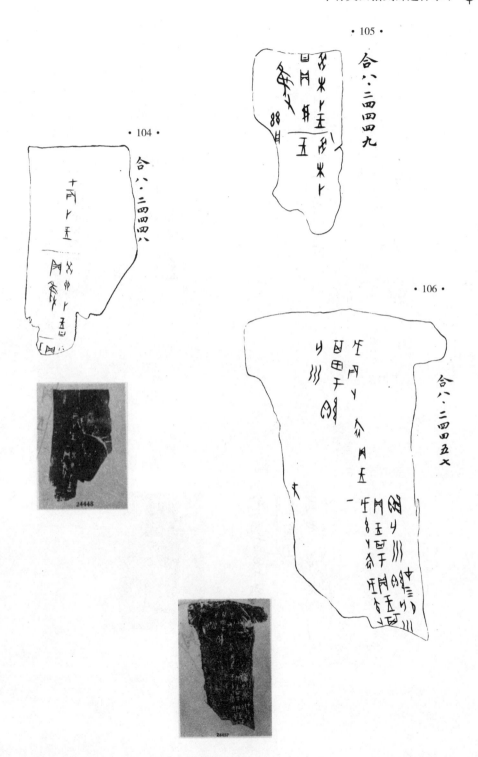

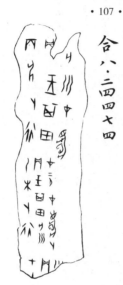

·107· 合八·二四十四

·108· 合八·二四九二

·109· 合八·二四九六

24496

甲骨文田猎刻辞选粹摹本 133

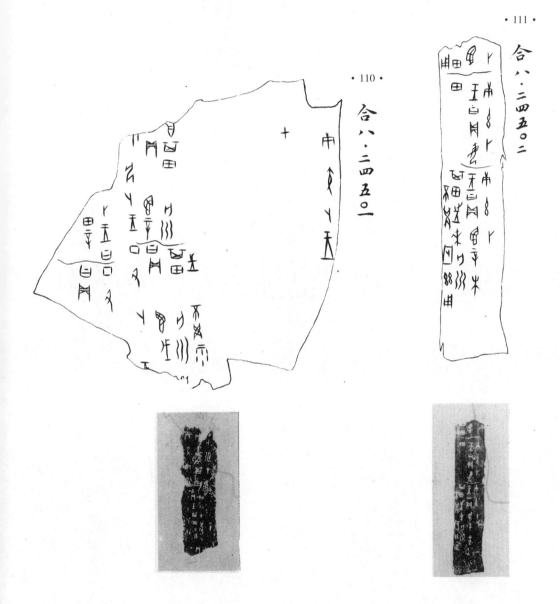

· 112 ·
美錄六〇

· 113 ·
美錄五六

· 114 ·
甲一二六四

· 115 ·
金一三二

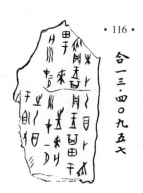

· 116 ·
合一三·四〇九五六

· 117 ·
合九·二八三〇五

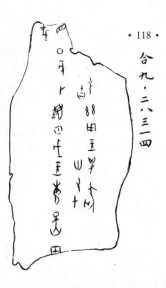

· 118 ·
合九·二八三一四

· 119 ·　甲一六五〇

· 121 ·　合九·二八三八（後下四·一三未拓全）

· 120 ·　甲一六〇三

· 122 ·　合九·二八三四

136　甲骨文田猎刻辞研究

甲骨文田猎刻辞选粹摹本 137

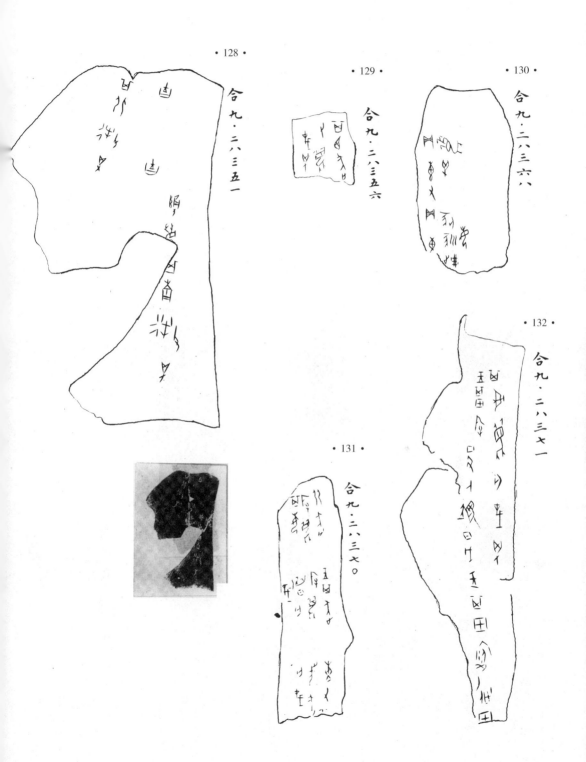

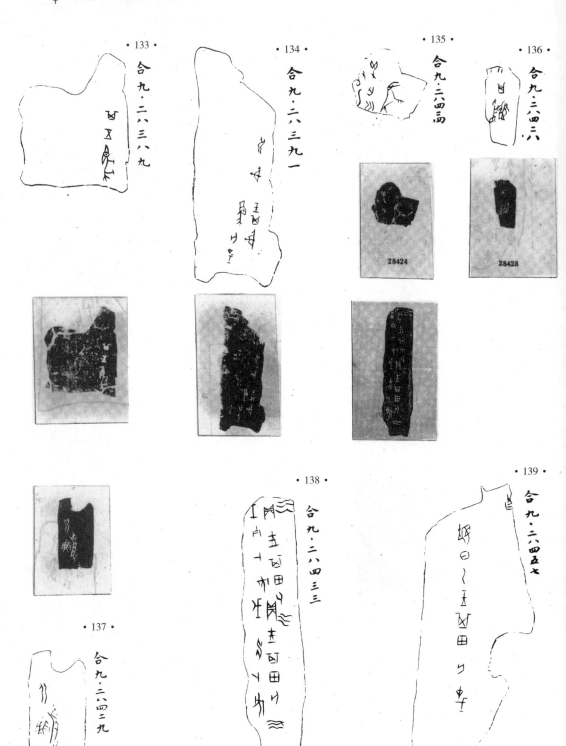

甲骨文田猎刻辞选粹摹本　139

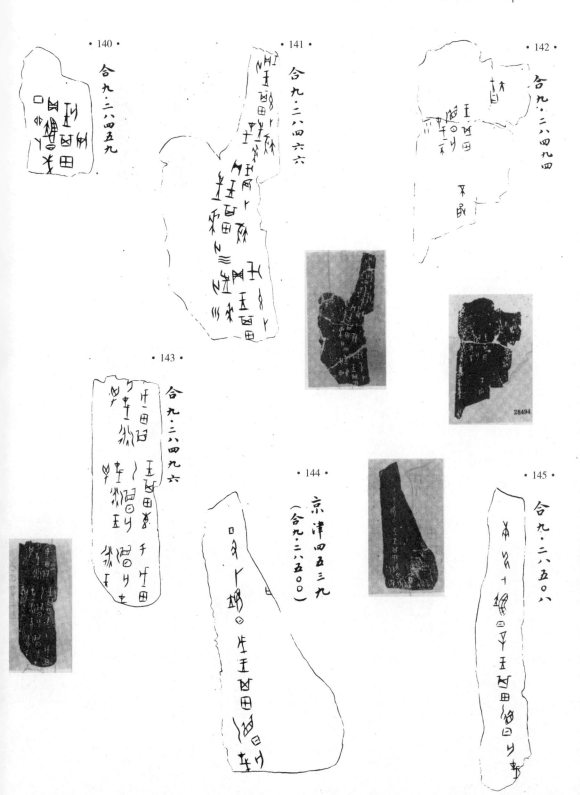

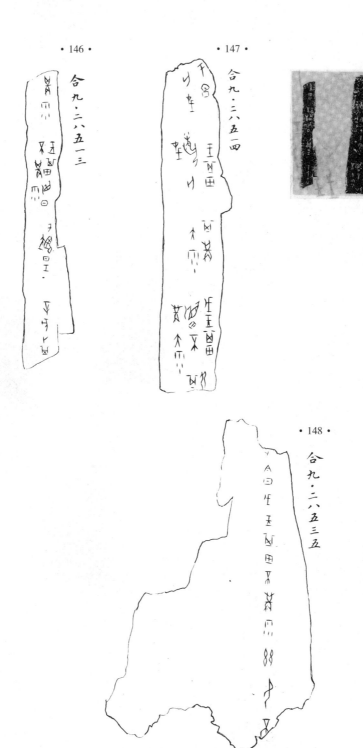

甲骨文田猎刻辞选粹摹本　141

· 149 ·　甲一六〇四

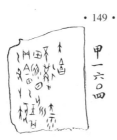

· 150 ·　合九·二八五三九

· 151 ·　合九·二八五四五

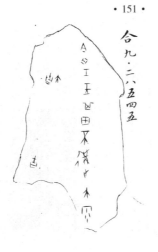

· 152 ·　合九·二八五五二

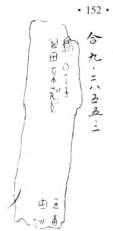

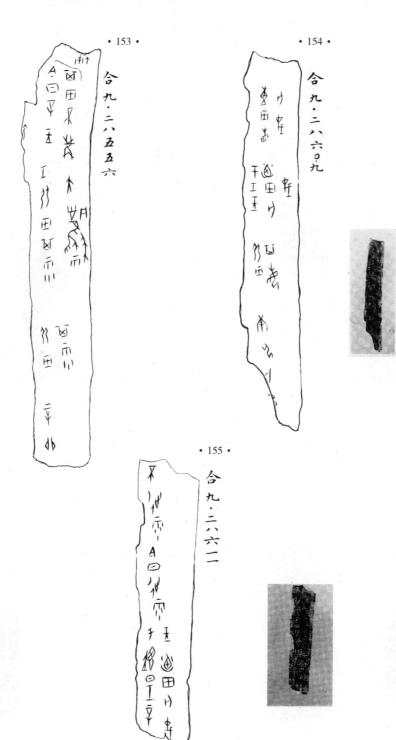

甲骨文田猎刻辞选粹摹本 143

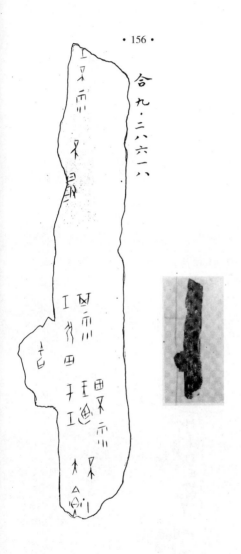

· 156 ·
合九·二八六一八

· 157 ·
合九·二八六三三

· 158 ·
合九·二八六五六

144 甲骨文田猎刻辞研究

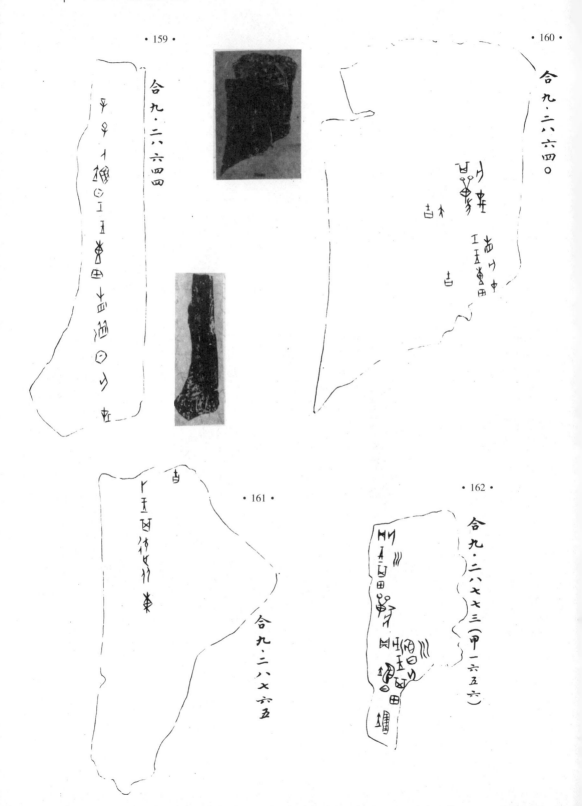

甲骨文田猎刻辞选粹摹本　145

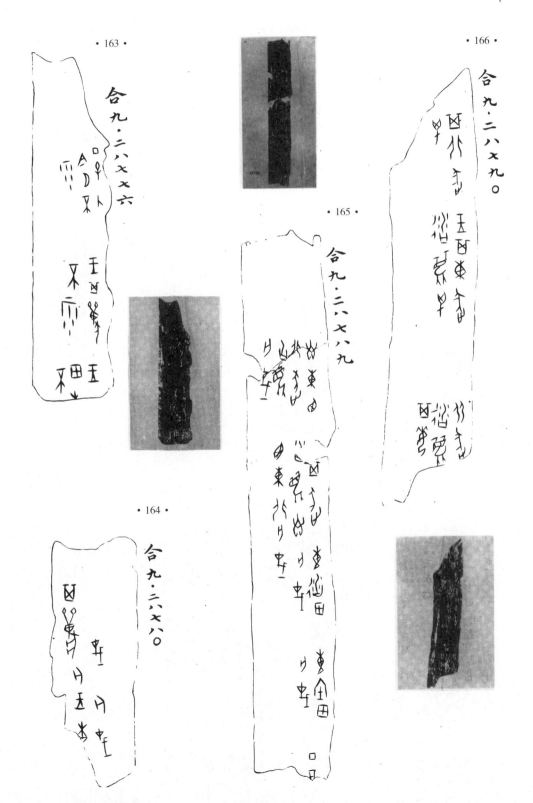

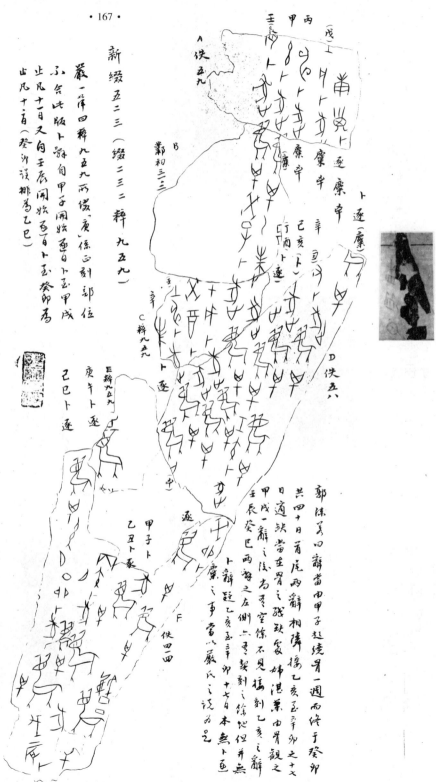

新缀五二三（缀二三二 释九五九）

严一萍释九五九两版（庚、癸）系正反对贞
不合此版卜辞自甲子开始至甲戌
止凡十一日又自壬辰开始至甲癸卯为
止凡十盲（癸沙误排为乙巳）

甲子卜 逐
乙丑卜 豕
庚午卜 逐
己巳卜 逐

郭沫若曰：辞当由甲子起绕骨一周而终于癸卯
共四十日有尾两辞相隔摅乙亥至辛卯之十七
日适缺当在胃之残缺处饬漢葉由胃观之
甲戌一辞之後为零余不见摅刻乙亥之辞
壬辰癸巳两辞之左侧六零契刻之饬地但并无
卜辞疑乙亥至辛卯十七日本無卜迯
麋之事當以嚴氏之說為是

甲骨文田猎刻辞选粹摹本

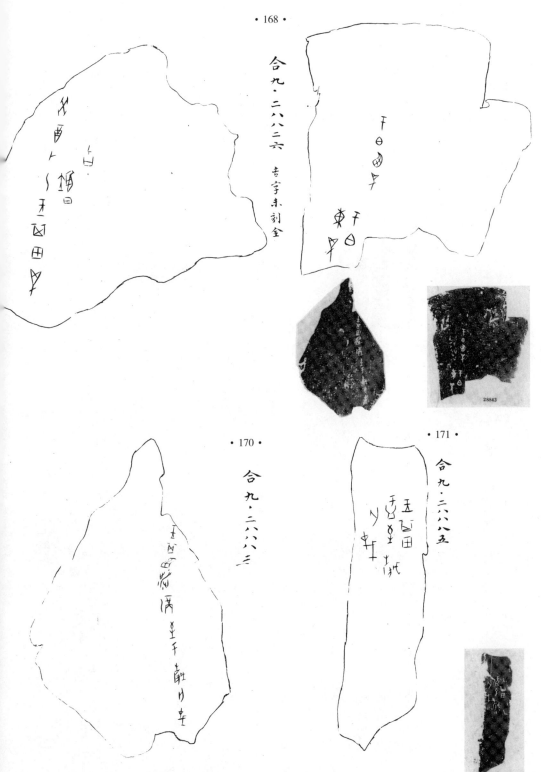

148 甲骨文田猎刻辞研究

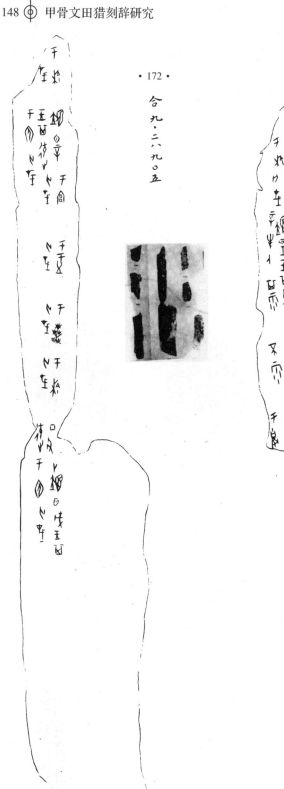

•172• 合九·二八九〇五

•173• 合九·二八九一七

•174• 合九·二八九四〇

•175• 合九·二八九五五

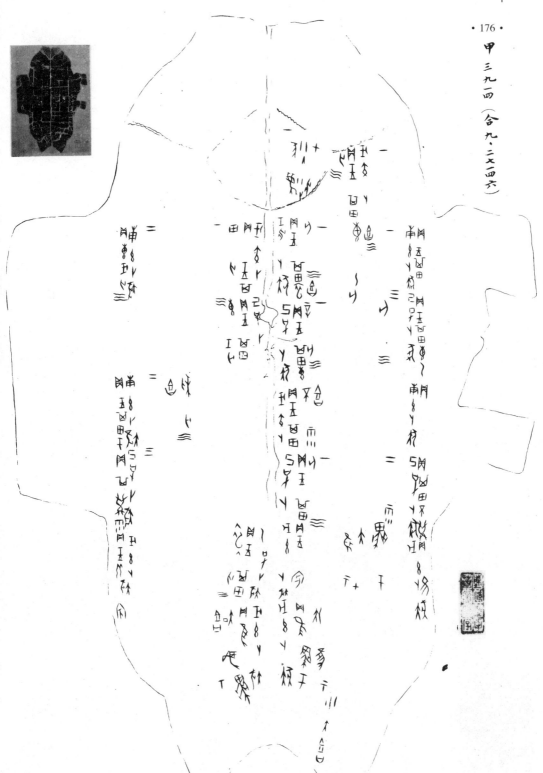

150 甲骨文田猎刻辞研究

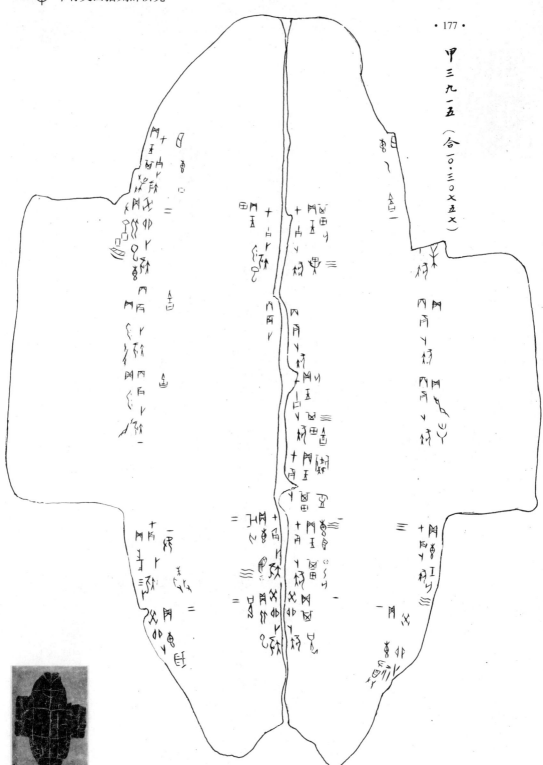

·177·
甲三九一五(合一○·三○×五×)

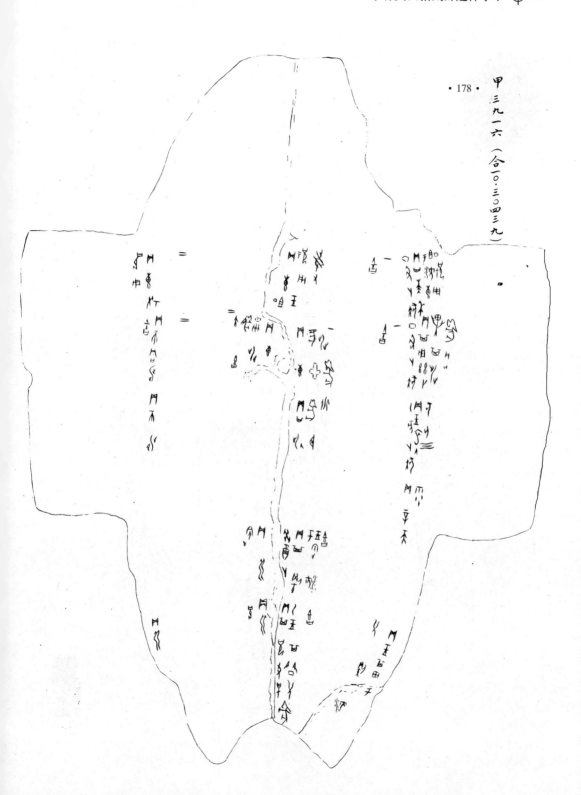

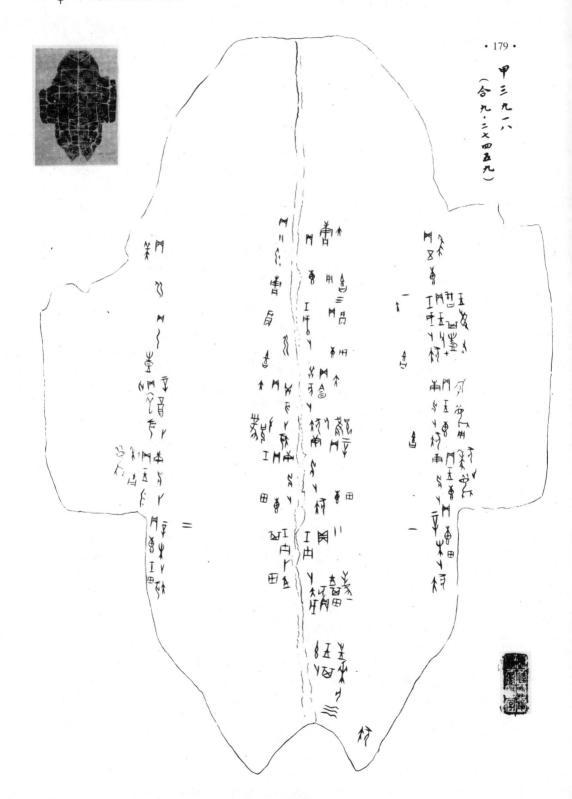

甲骨文田猎刻辞选粹摹本 153

·180·

（甲三九一九）

合九·二九〇八四 大龜背甲田獵卜辭中少見勿巳之句原拓如此疑爲誤刻而未及刮去者

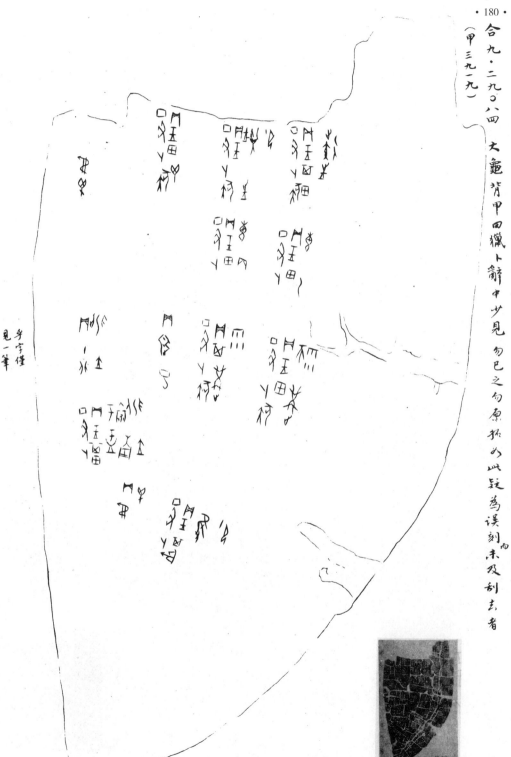

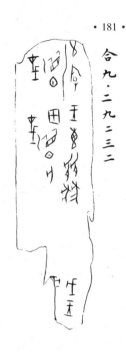

·181· 合九·二九二三二

·183· 屯南八六

·182· 怀特一四三二

·184· 屯南二五六

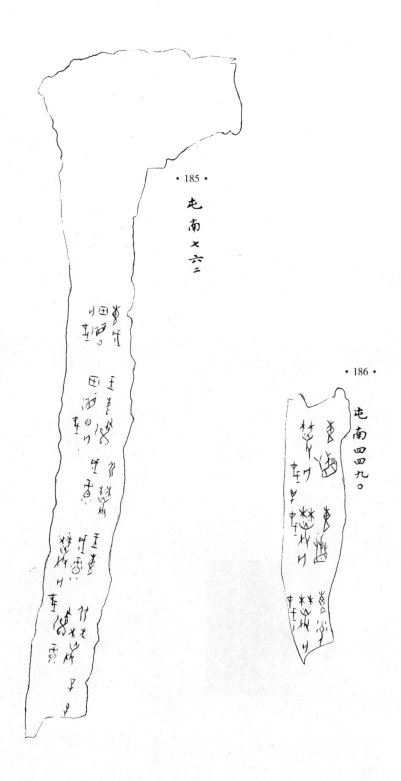

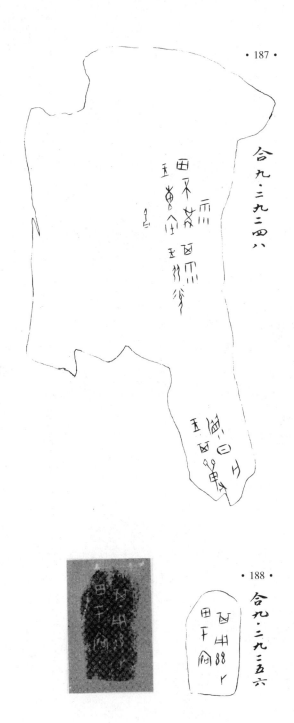

·187· 合九·二九二四八

·188· 合九·二九三五六

甲骨文田猎刻辞选粹摹本

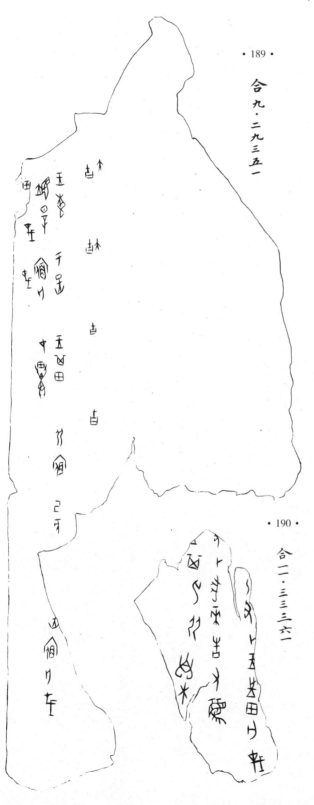

· 189 ·
合九·二九三五一

· 190 ·
合二二·三三六一

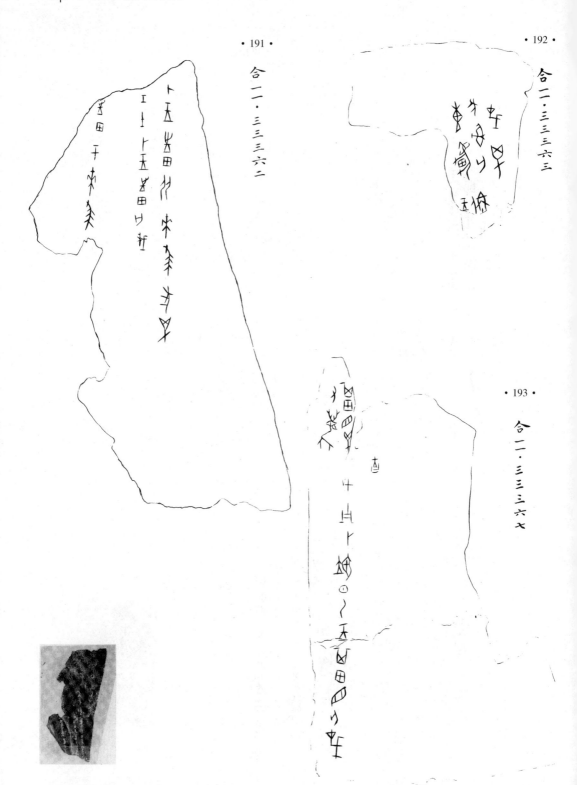

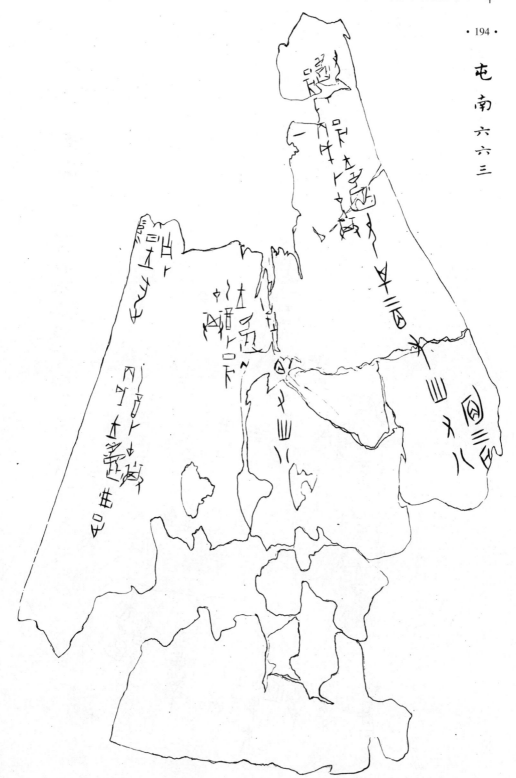

屯南六六三

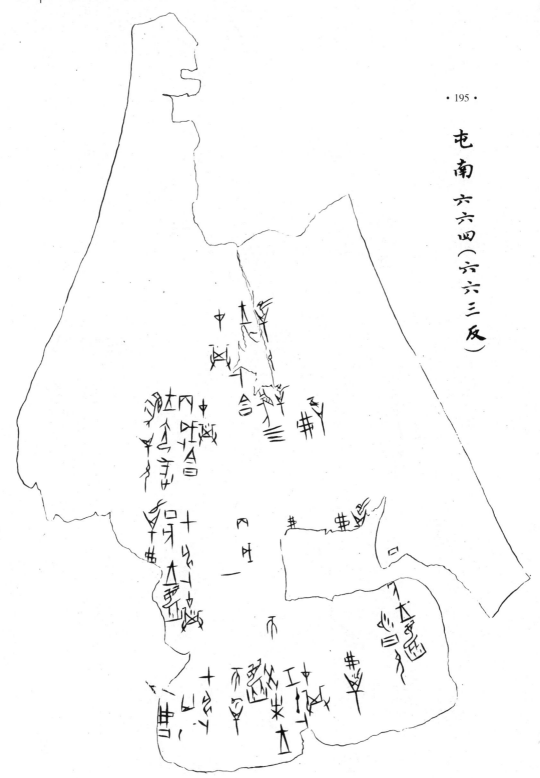

屯南六六四（六六三反）

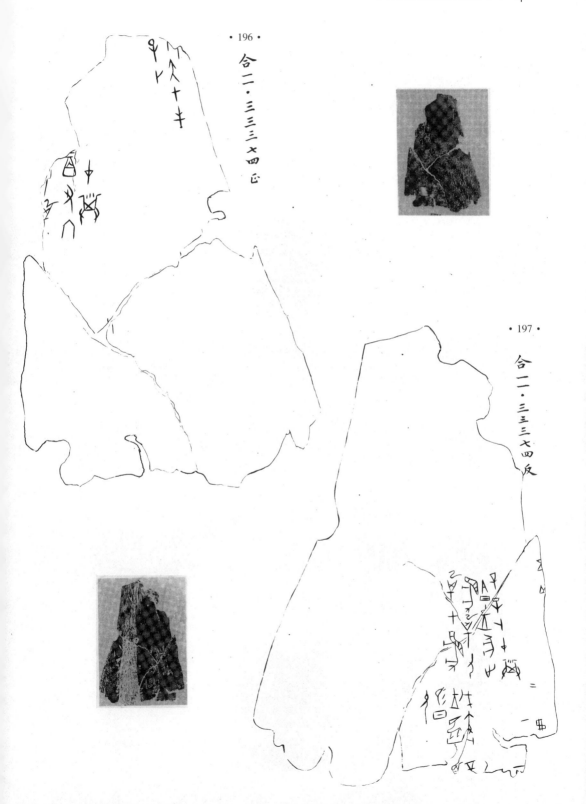

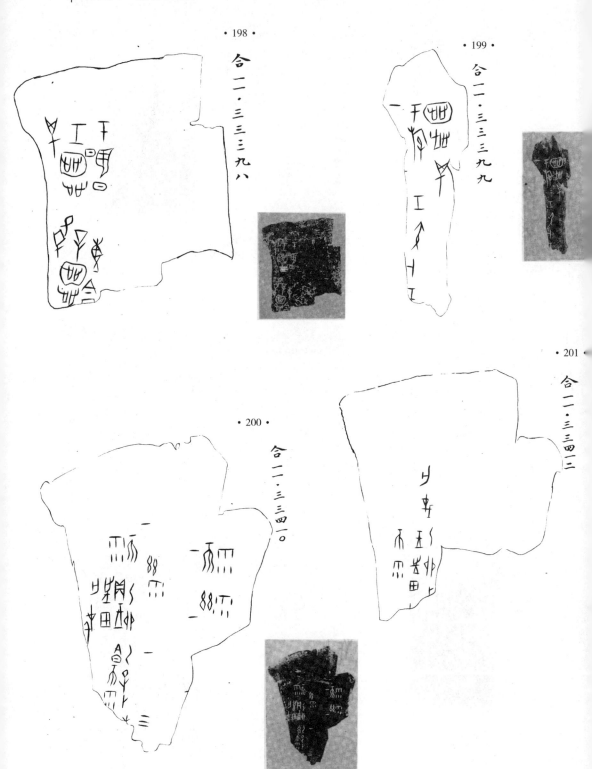

甲骨文田猎刻辞选粹摹本 163

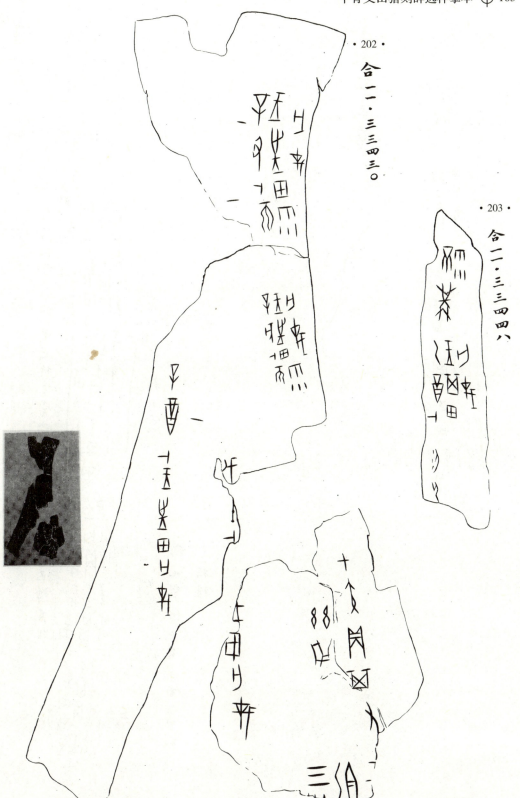

・202・ 合二一・三三四三〇

・203・ 合二一・三三四八

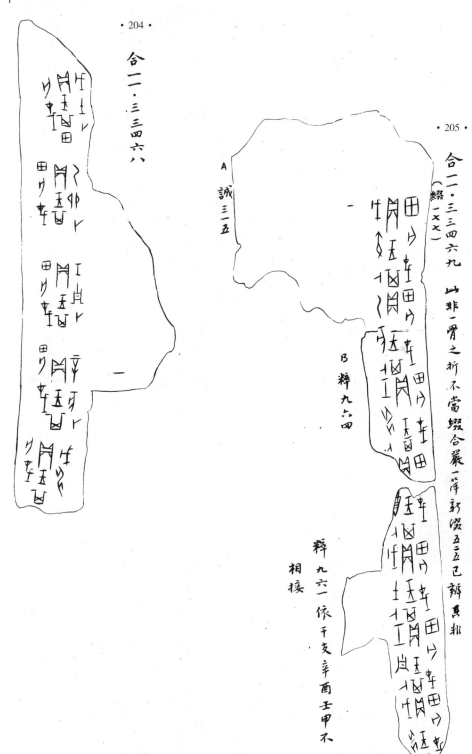

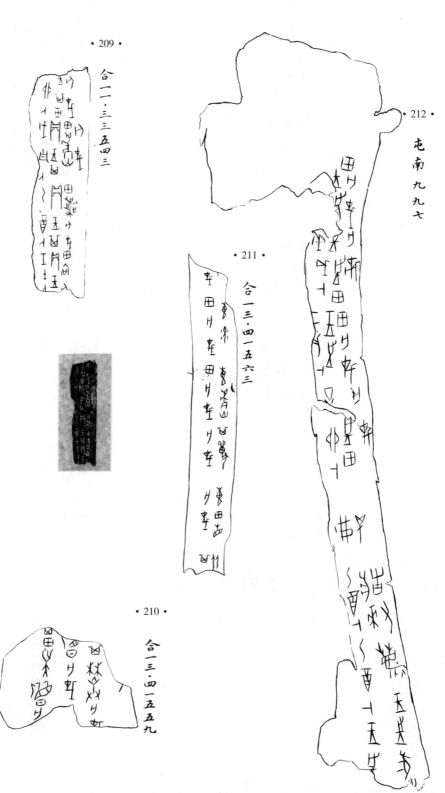

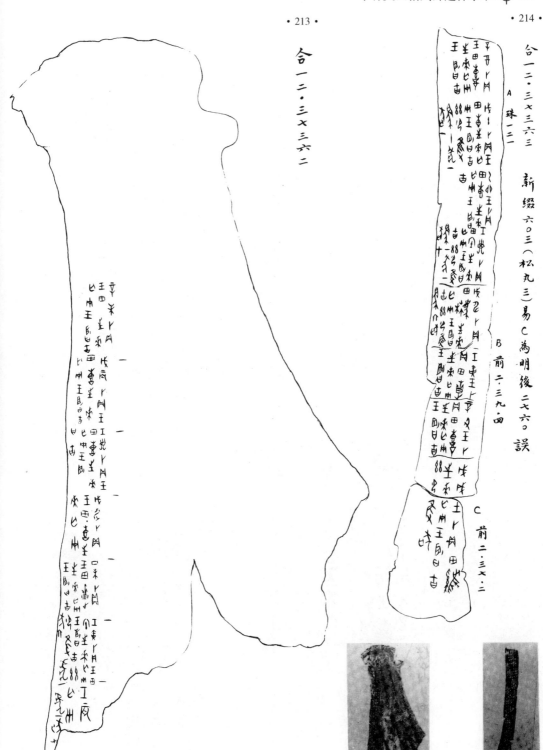

·215·
新缀四三五（通纂六四一）
合一二·三六三六八
A 龜二六·六
B 前二·三〇·一

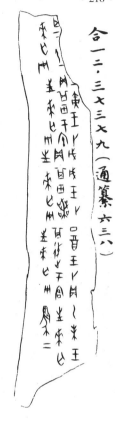

·216·
合一二·三六三六九（通纂六三八）

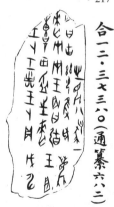

·217·
合一二·三六三八〇（通纂六八二）

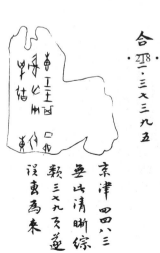

·218·
合一二·三六三九五
京津四四八三
无此清晰综
敷三六九多遵
误专為来

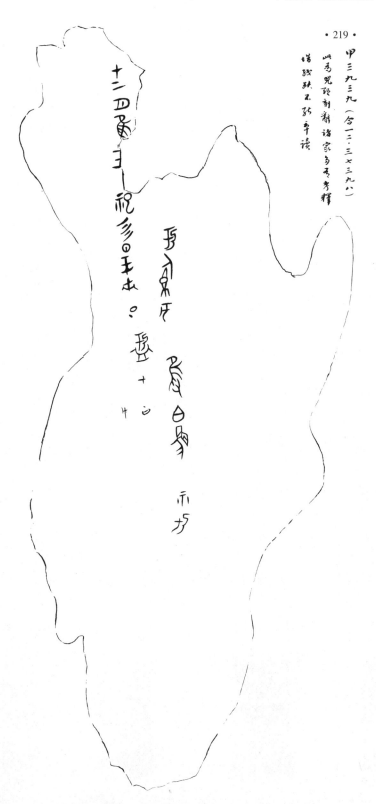

·220· 合一二·三七四〇〇

·221· 合一二·三七四〇三（通纂六六七）

·222· 合一二·三七四〇八

·223· 合一二·三七四一九（通纂六六五）

·224· 合一二·三七四二六

· 225 ·

合一二·三六四二九

· 226 ·

合一二·三六四六〇（通纂六四 骰存六九 缀二二二 新缀三八三）

A 前二·二六·七

B 前二·二四·二

· 227 ·

合一二·三六四三四（殷历谱下九·五六 缀二九 新缀三四）

A 前二·六·八 B 前二·二六·二 C 前二·二五·四

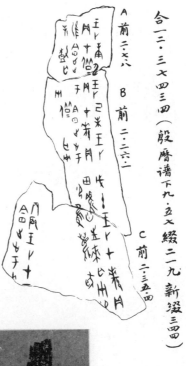

172 甲骨文田猎刻辞研究

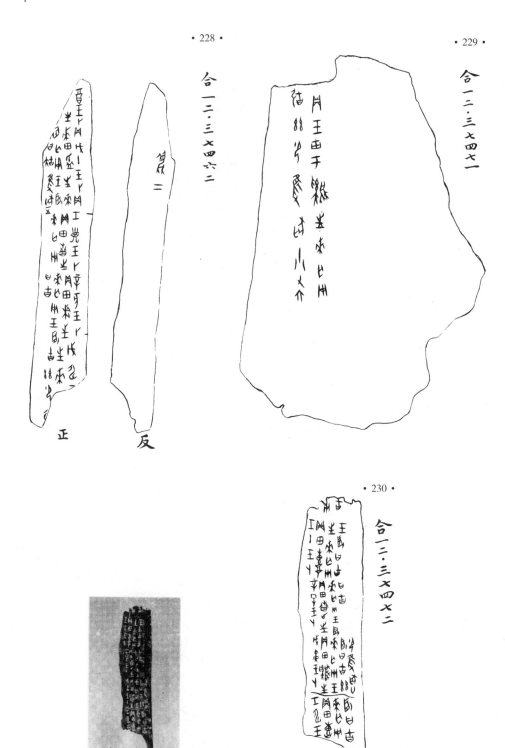

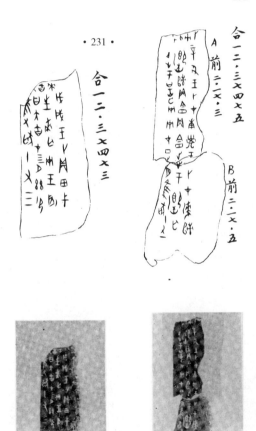

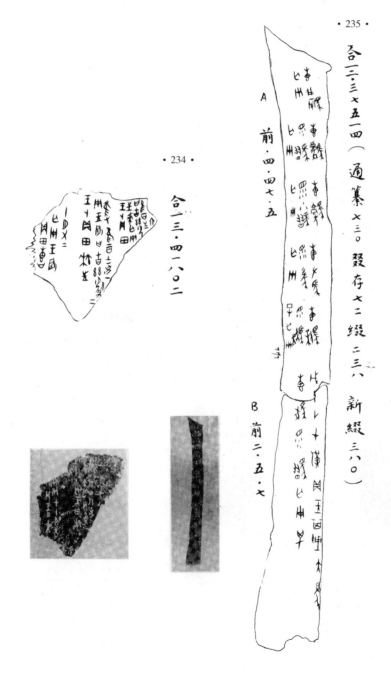

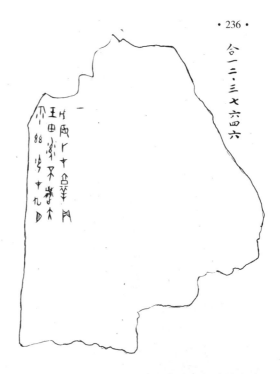

• 236 •
合一二·三七六四六

• 237 •
合一二·三七六四七

• 238 •
合一二·三七七四

• 239 •
合一二·三七七四二

・240・
甲三九四一（合一二・三六六四三）
鹿頭刻辭

・241・
合一二・三六六八二

・242・
合一二・三六五○一 四十一字銘泐蝕誹依文例始為商字

甲骨文田猎刻辞选粹摹本 177

·243·合一三·四二八九（金五四三）

·244·佚五一八 獸肋骨刻辭

·245·懷特一九一五 虎骨刻辭

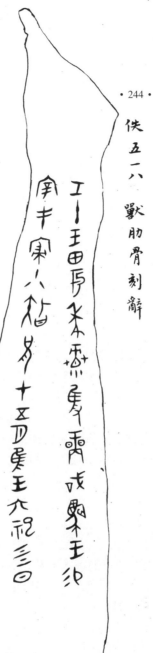

甲骨文田猎刻辞选粹释文

第1片 《丙》284（《合》4·10198——此即《甲骨文合集》第四册第10198片，余仿此）

贞：翌辛亥王出？

☐𢦏（禽）？

翌戊午焚，𢦏？

戊午卜，㱿贞：我兽（狩）敏，𢦏？之日兽。允𢦏，获虎一，鹿四十，狐百六十四，麑百五十九，蔺赤出双。二赤小☐四☐。

此版卜辞，均与狩敏有关。第一辞当为庚戌所卜，此日至戊午王狩敏，前后9日。这是武丁时期规模较大的一次狩猎活动，时间（戊午）、地点（敏）、方式（焚，即烧草以猎兽）以及结果都记载得清清楚楚。猎获物种类之多、数量之大，都是卜辞中少见的。"𢦏"即"禽"，"擒"之本字。"麑"即"鹿子"，是尚未生角的幼鹿。"狐"亦写作"犾"，"犾"，从犬，亡声，叶玉森释"狐"，可从。"🀆"字不识，此暂据《丙编考释》（第348页）释"蔺"，恐未必是。关于此次狩猎活动，董作宾有《武丁狩敏卜辞浅说》（《平庐文存》卷三）一文，考释颇详。据董说，此版当为武丁早年之物，是武丁60岁以前所为，即是武丁元年至武丁二十年之间。董氏总结说："虎是猛兽，既少有又不易捉到。这次所得的狐，占着所有殷代田狩获得的最大多数。鹿和小鹿，共为199头，差一头就为200头。一次狩猎，捉到的野兽如此之多，这一次是大规模的狩猎，当毫无疑问。武丁是殷代的中兴名王，后世称为高宗，他曾北伐鬼方，'三年克之'，见于《周易》既济和未济爻辞，可以知道他兵力之强。而殷代士兵的教练，主要的方法就是打猎。以野兽为假想敌人，使弓矢戈矛，车马将士，一齐发挥出最大的威力，因而也能对于野兽，多所擒获。"关于田猎地，董氏说，"历代殷王田猎都在一个固定的地方，我称之为'田猎区'，大致在大邑商（今商邱）以东，泰山和蒙山一带山麓，有森林湖泽地带，许多地名是有今地可考的。可惜的是此版从龟从文之地，却不详所在。"按田猎区之说可商，敏之地望确不详。

第2片 《合》4·10196（《簠·游》121）
☐日☐兽南☐允获☐虎二☐佣屮（有）它☐㞢双（友？）若。
☐兽斿，允☐亡巛☐其☐
丁丑☐翌戊〖寅〗☐兽☐屮屮☐

斿，地名，卜辞屡见。此版三辞均残，不可卒读，唯获"虎二"罕见，故亦录之。

第3片 《合》4·10199（《续》4·7·2）
己巳卜，㱿贞：今二月雨？
壬午卜，宾贞：获虎？

第4片 《合》4·10200（《乙》2409）
☐兽，获虎一，豕☐屮（又）六。

此次狩猎，除获一虎外，另有豕——当是野猪若干头，可惜屮上一字适残，是否即"十"，不能遽定。不过，至少是16头，可以无疑。豕为六畜之一，屡见于田猎所获，其余五畜（马牛羊鸡犬）则不见有"获"的记录，可见均为驯养之家畜。

第5片 《合》4·10214（《铁遗》6·13）
甲申☐王其☐阜☐虎二☐

第6片 《合》4·10222
☐获象。
☐今夕其雨？
☐其雨？之夕允不雨。

第7片 《合》4·10227

庚申卜，宾贞：乎取☐
乙丑卜，亘贞：往逐豕，获？往逐替豕，允获☐。

第8片　《甲》3339～3341（《合》4·10229，失白）
辛酉卜，韦贞：今夕不其〖雨〗？
辛未卜，亘贞：往逐豕，获？之日王往逐在䍙（蜀）豕，允获九。
贞：弗其获？
甲午，帚（妇）井示三屯。岳。（臼）

此为左肩胛骨之顶部，正、反、骨臼俱全，董作宾著有《殷墟出土一块"武丁逐豕"骨版的研究》一文（《平庐文存》卷三）考释颇详。关于骨版本身，董氏亦有详尽描述："这是我们亲手挖掘出来的两万四千片甲骨文字中我所最欣赏的一块骨版，……这虽然只是残余的牛肩胛骨的上半，但是骨质坚致作牙黄色，一部分接近铜器处浸染了碧绿，用干布略加擦摩，便觉光滑闪耀，晶莹如玉，古色古香，的确可爱。尤其重要的是在骨臼、骨面、骨背三处都刻有文字，又是武丁盛世之物，契刻之后，涂以朱墨，色彩鲜明，实在可以作早期骨版上卜辞的代表。"按此版正面刻二辞，辛酉卜雨，辛未卜逐豕，而逐豕之验辞刻于反面，记逐豕之地（蜀）及所获之数（九）。"辛未"一辞之对贞卜辞亦契于反面。骨臼所记，乃是贡纳骨版的记录。"屯"读为"对"，左右两胛骨相合为一对，三屯即为三对。"岳"为经手的史官。

第9片　《合》4·10228（《粹》1480，《前》3·33·3，《京津》1460未拓全）
己未卜，亘贞：逐豕，获？
戊戌，帚女示一屯。岳。（臼）

第10片　《合》4·10239（《后》上25·1）
贞：出告夲豕，乎逐？
贞：今癸巳勿章？

"✿"字不识，依辞例，当是地名。

  第 11 片　《合》4·10251
  戊戌卜，贞：王隹㞢？之日王允㞢豕一，鹿□。

此辞右行，第三行王字缺刻一横画，作"✠"。

  第 12 片　《合》4·10276
  乎射鹿，获？

  第 13 片　《合》4·10292
  王其往逐鹿，获？
  □雨？今夕□雨？

  逐鹿，卜辞屡见，是商王重要田猎活动之一。后世亦屡见逐鹿的记载，秦汉以后多以鹿喻政权、以逐鹿喻争夺天下，遂有逐鹿中原、鹿死谁手等语。今观卜辞，则当年逐鹿中原而屡有所获者，商王也。商王中最热衷于此者，乃武丁也。说详拙著《汉字古今谈·逐鹿考源》。

  第 14 片　《丙》265（《合》4·10299）
  贞：王其逐鹿，𠱛？
  贞：〖勿〗其〖逐〗鹿？
  隹（唯）南庚它王？
  不隹南庚它？
  贞：王⊡隹㞢它？
  贞：王⊡不隹㞢它？
  贞：□父□？

  第 15 片　《合》13·40125
  □渔㞢一牛于父乙？
  □乙勿㞢一牛于父乙？
  〖戊寅卜〗，□〖贞：今〗日我其兽盂□允㞢，获兕十一，鹿□

七十屮四，豕四，麑七十屮四。

"戊寅卜"三字据《龟》2·26·3、《铁》4·2·1及《金》479补。"七十"出现两处，均合文作"十"。"麑"作"𦥑"，亦见《乙》629、2507，《龟》2·4·1、2·26·2，《簠·人》59，《金》479等片。《甲骨文编》收入附录上（字号为4587），或释"兔"。此为牛胛骨，已残破。原件现为德国一私人所藏，胡厚宣有《释流散到德国的一片卜辞》（《郑州大学学报》1980年第2期）一文详考。

第16片 《合》4·10307（《后》下1·4）
　　丁卯〖卜，囗贞〗：兽正囗囗阜，获鹿百六十二，囗百十四，豕十，旨一。
　　癸囗

"六十"二字合文作"木"。对于此版卜辞的释读，郭沫若与容师希白先生早年曾书札往来，相与研讨，见郭沫若《甲骨文字研究·释五十》及《郭沫若书简（致容庚）》（曾宪通编注，广东人民出版社1981年版）。"旨"作"𠙴"，诸家释"兔"，非。

第17片 《合》4·10308
　　囗囗〖卜〗，㱿贞：卖于囗
　　囗囗〖卜〗，㱿贞：今日我其兽，屮囗兽，获，阜鹿五十又六。
　　贞：今日我其兽盂，囗获兕十一，鹿囗

第18片 《合》4·10309
　　乙未卜，翌丙申㱿？
　　乙未卜，翌丙申王田，获？允获〖鹿〗九。
　　己酉囗王往囗

"㱿"，读为"啓"，《说文》释曰："雨而昼夝也。"此为田猎事而卜天气之阴晴。从"允获〖鹿〗九"这一验辞分析，丙申这天大概是"㱿"，天气很好，所以王外出田猎，结果获得9只鹿。鹿字适残，仅存鹿足形的残笔。

第19片　《丙》88（《合》4·10345）
丙申卜，争贞：王梦，隹囚（祸）？
丙申卜，争贞：王梦，不隹祸？
丙申卜，争贞：王其逐麋，菁？
丙申卜，争贞：王步？

此为一大龟腹甲，同日（丙申）所卜，一人（争）所贞，且两两对贞，卜兆、行款、辞例均相对称。张秉权据此推论说，卜辞"步"亦是田猎活动，"逐是步逐，步是逐兽"。按以此版观之，张说或是，然卜辞言步者（王步、步于某、步自某、于某乎步，今日步、翌干支步……）近400例，可证其与田猎有关者极少，张说不足信。"菁"即"遘"，遇也。"王其逐麋，菁？"意即王要去逐麋，问能否碰上，也就是能否有所猎获。

第20片　《合》4·10349（《前》4·4·2）
甲子卜，殸贞：王疾齿，隹□易□。
壬申卜，殸贞：虫阱麋？丙子阱，允阱二百虫九。一□。

叶玉森云："影本ㄣ下之一墒为同时契刻之文并非庸手先契之纪数字，予疑乃九十一之省文而合书者，毕鹿之数为二百九十一。"（《殷虚书契前编集释》卷四第5页）按叶说不无道理，但"九十"合文当作"ㄓ"，今作"ㄣ"，仍以释"九"为是。"一"下适残，当尚有字，不知是否即"月"字。

此片契二辞，甲子卜疾齿，壬申卜擒麋，相隔九日。有两种可能，一是至壬申齿疾已愈，故思出猎；二是齿疾久治不愈，烦闷之极，想借打猎以消遣。一般而论，第一种可能性较大些。真正的行动在壬申后第五日的丙子，设下陷阱，捕获麋200多头。可见，这也是相当规模的田猎活动，必须预为之计。而商王武丁之于田猎，简直是一种嗜好了。

第21片　《合》4·10350（《契》410）

☐牢虎?允牢,获麋八十八,咒一,豕三十又二。
☐贞☐南☐子☐

"八十""三十"均为合文。

第22片　《合》4·10372
☐王幸㞢麋☐屮九,之日☐雨,风。

"麋"字作"㿝",较少见。"㞢",从止从土,当即往字别构。"幸",作"㚔",象以梏梏人状,义与"获""牢"同。说详拙文《甲骨文同义词研究》(收入《古文字学论集(初编)》)。

第23片　《合》4·10373
☐执芊,获?十月。

"执"下一字疑亦"麋"之异文。

第24片　《合》4·10385
庚〖寅卜〗,☐〖贞〗:翌辛〖卯〗☐☐田?辛卯王☐☐往于田,从☐☐获麋☐☐兔☐

第25片　《合》4·10386
多子逐麋,获?

第26片　《合》13·40126
癸☐卜,贞:旬亡〖囚〗?
癸卯卜,宾贞:旬亡囚?
贞:翌辛巳王勿往逐咒,弗其获?

第27片　《前》7·34·1(《合》4·10398)
☐☐卜,亘贞:逐咒,获?〖王〗占曰:其获。乙酉,王逐,允获二。

☐羌☐

第28片　《新缀》327（《叕存》26，《缀》117）
〖癸〗亥卜，㱿贞：旬亡囚？王占〖曰业祟。五日〗丁卯，王兽
岐（敞），鈇车马，〖鈇〗陷在车，皋马亦☐，〖皋亦业它〗。
〖癸〗亥卜，□贞：旬亡〖囚〗？☐
癸未卜，㱿贞：亡〖囚〗？〖王占曰：业〗祟，其业来娸，气
〖至。七日己丑〗允业来娸自西，沚戈〖化〗告曰：舌方正于我奠。
（缺文据《殷历谱》下9·23补）

第29片　《合》4·10405正（《菁华》3）
癸酉卜，㱿贞：旬亡囚？王二曰旬。王占曰：俞！业祟，业梦。
五日丁丑王嫔中丁，毕陷在宔阜，十月。
癸未卜，㱿贞：旬亡囚？王占曰：往乃兹业祟。六日戊子，子弢
囚。一月。
癸巳卜，㱿贞：旬亡囚？王占曰：乃兹亦业祟。若偁，甲午，王
往逐兕，小臣古车马，硪䃾王车，子央亦队（坠）。（余略）

这是早年出土的武丁时的大胛骨，为罗振玉所得四大骨版之一，著录于《殷虚书契菁华》。骨版正面左中右各刻一条完整的贞旬卜辞，文字也都清楚，但仍有不少词语难以确切解释。三条卜辞所记均为一旬内发生的灾异不吉之事，亦即"有祟"。"旬"，读为"害"。"王二曰旬"，意即"王连续说糟了糟了"。"俞"，发语词，与"吁"略同。（《平庐文存》卷三）"囚"作"囜"，卜辞屡见，诸说纷纭，以字形论之，显系囚字，然于义难通，或释"死"，义可通而形又不合，且甲骨文本有死字，作"𠤎、𠦓、𠤐"等形，"囜"之非死甚明。张政烺先生以为此即《说文》昷之所从，相当于后世之殟或蕴（《释甲骨文俄、隶、蕴三字》，载《中国语文》1965年第4期），可备一说。癸巳一辞记田猎事，"小臣古车马，硪䃾王车"，便是"王往逐兕"途中发生的事故，"硪"从石，"䃾"从丂，有磕撞之义，度其辞意，殆是小臣古的车马在山岩下碰撞了王的座车，随从王一道打猎的子央，也跌下车来。（胡厚宣：《记故宫博物院新收的两片甲骨卜辞》，载《中华文史论丛》1981年第1辑）关于这条田

猎卜辞，董作宾《论商人以十日为名》(《平庐文存》卷三)一文亦有详细论述。董氏解释道："这时武丁已届七旬的高龄，他还亲自跑到太卜的公事房里监视卜旬的工作……下一旬第一天甲午，就发生了祸事。这一天武丁出外打猎，追逐兕牛，坐的是小臣叶（古）所御的车马，忽然车子被路上的石块所阻而翻倒了。陪伴老王的子央也摔下车了。一辆兵车只能载三个人，当然只有王同叶、央，不言王坠车，只言子央亦坠，是为尊者讳的意思。"其说与上述略异，录之以资参考。

第30片 《丙》423（《合》4·10407）

〚辛未卜，□贞：翌壬申王〛其〚兽〛，毕？壬申允兽，毕，获兕六，豕七十虫六，麋百虫九十虫九。

〚辛〛未〚卜，□贞：翌〛壬申王勿〚兽〛，不其毕？壬申兽，毕？

☐虫☐获☐？

贞：王兽，雈？

贞：御于虫匕（妣）？

贞：勿御，亡疾？

此版首甲记壬申日出猎，擒获兕、豕、麋等兽280余头，其行动规模仅次于《丙》284（《合》4·10198，本书第一片）所记戊午日那次狩猎。"七十""九十"均合文。"雈"，从隹从毕，象持毕捕鸟状，殆"罗"字异文，或释"离"，亦通，"罗""离"古本一字也。

第31片 《丙》102（《合》4·10408）

翌癸卯其焚，毕？癸卯允焚，获兕十一，豕十五，虎☐，麋二十。翌癸卯勿焚？

贞：于甲辰焚？勿于甲？

于甲辰焚？〚勿〛于〚甲〛焚？

贞：虫祖乙，十伐，卯三牛？

戊午卜，宾贞：王梦，隹我妣？☐我妣？

贞：虫于学戊？勿𢀛虫于学戊？

☐祖辛？□其虫祖辛？

己未卜，宾贞：㞢狐？

此版田猎卜辞与祭祀卜辞、梦幻卜辞并见，可借此考察田猎与祭祀等卜辞之关系。"𦣻"，孙诒让释"首"。张政烺先生谓卜辞"首"字可读为"蔑"，"勿首"有不要模糊、不要忽视、重视、尊敬、严肃对待等意。"首有消极的意思，勿是否定词，二字结合在一起，成为积极的字眼。"（《殷契首字说》，载《古文字研究》第十辑。）

第32片　《合》4·10410
甲戌卜，王获？允获鹿五。
庚辰卜，王☐
辛巳卜，王获鹿？允获五。
壬午卜，王☐
甲申卜，王获？
丙戌卜，王获？
☐王获兕？允获一。
☐逐兕。
辛未卜，王获？允获兕一，豕一。
☐午卜，王☐兕，允☐在大☐☐身彘。三月。
庚辰。辛巳。壬午。

第33片　《合》4·10419
辛未卜，争贞：王不其获ᘯ射兕？

第34片　《合》4·10420
贞：王不其获ᘯ？

第35片　《合》4·10425（《京都》264）
戊〔寅卜〕☐毖：兽☐三日庚辰☐眾雀☐获兕☐☐一豕百。

第36片　《合》4·10427（《铁》182·1）
允获兕。弗获。

"兕"作"󰀀",从匕,疑即示兕之性别者,《甲骨文编》入诸附录(上九七)。

  第 37 片　《合》4·10436
  ☐令妻执兕,若?

  第 38 片　《合》4·10457
  ☐卜☐󰀁☐不其☐

此为碎片,中一奇字不识,不知是何动物之象形。

  第 39 片　《合》4·10467
  ☐酉卜,角获󰀂?角不其获☐?

  第 40 片　《合》4·10468
  其获夒?

"夒"作"󰀃",象猕猴之形。《说文》:"夒,贪兽也。一曰母猴。似人,从页。巳、止、夊,其手足。"此言获夒,可证许氏说义不误。

  第 41 片　《合》4·10471(《粹》1171)
  癸卯卜,㭴☐获鱼(渔)其☐三万不☐

"三万"合文作"󰀄",卜辞仅见此一例。

  第 42 片　《合》4·10475
  ☐王渔,十月。

  第 43 片　《合》4·10476
  ☐王渔,十月。

  第 44 片　《合》4·10480

☐寅☐兽☐鱼。
☐申☐

第45片　《合》4·10488
贞：王鱼？〚勿〛鱼？

第46片　《合》4·10492
癸未卜，丁亥鱼？

丁亥为癸未后第五日。

第47片　《合》4·10495
☐日往逐☒？

第48片　《合》4·10496
辛巳〚卜，☐贞：〛王于翌〚壬午〛往逐☒不☐

第49片　《合》4·10499
☐☒，获☒五十。

第50片　《乙》6751
辛卯卜，㱿贞：王往征（延）鱼，若？
辛卯卜，㱿贞：王勿征鱼，不若？
辛丑卜，宾贞：翌壬寅其雨？
贞：翌壬辰不其雨？
壬辰卜，㱿贞：㞢祖辛二牛？㞢祖辛二牛？贞☐☐祖☐

此版卜"征鱼"，即是否继续往渔——至某地捕鱼。为此又卜"翌壬辰"是否有雨。辛丑一辞，壬寅原当刻为壬辰，辰字经刮削，拓本上犹可见其残笔。其实，以全版卜辞推之，此辞之误刻者是"丑"字非"辰"字，实宜削丑而契以卯，始与辛卯二辞合，与对贞之"贞：翌壬辰不其雨"辞合。可能是契刻者心慌意乱，忙中有错，结果真正的错字没有削掉，却把本来刻对的字削掉了，真是错上加错。

第51片　《合》4·10500（《续存》上746）
☐罕，隹豕十，豕一，麑一。
☐往逐砍☐，弗其罕？

第52片　《合》4·10514（《甲》考释附图178，《殷缀》354，《新缀》148）
甲戌卜，蠱：㗊罕？获六十八。甲戌卜，蠱：㗊不其罕？十一月。之夕风。
庚戌卜，毌：获网雉？获十五。
庚戌卜，㝵：获网雉？获八。
甲寅卜，乎鸣网雉，获？丙辰风，获五。
启入。（此为甲尾记事之辞，"启"字倒刻）

此版"雉"字出现三处，两处作"㲋、㲋"，从隹矢声；一处作"㣤"，象形。"㗊"，"正"之繁形，屈万里谓"于此盖为狩猎之义"。"毌""鸣""㝵"当为人名。屈氏疑为狩猎之法，无据。

第53片　《合》4·10515
王往于田，弗氏祖丁眔父乙，隹之？
王弗氏祖丁眔父乙，不隹之？
王弗氏祖丁眔父乙，隹之？

"往于田"之田是否亦指田猎事，学术界意见尚未统一，须进一步研究。本书亦摹录数片，以资比较。"氏"，卜辞习见，读为"厎"，致也（于省吾说）。

第54片　《合》4·10516
戊辰卜，贞：王往于田？三月。
庚午卜，争贞：自今至于己卯雨？

第55片　《合》4·10529
壬寅卜，㞢贞：王往田，亡巛？叟？
☐于☐十月。

第56片　《合》4·10536
贞：勿往田，征步？

观此辞，"步"似与"田"关系不大。

第57片　《合》4·10539
贞：王往出于田，不潜？
贞：王勿往出于田？
☐戍☐出。

第58片　《合》4·10545
勿乎省田？二月。

第59片　《铁》114·4（《新编》373，《合》4·10546）
贞：勿乎䍙省田？

第60片　《合》4·10567
壬戌卜，王贞：其令雀田于☐，兄（祝）于祖乙？十一月。

此为田猎之前祷祝于先祖之例。

第61片　《合》4·10594
戊寅卜，宾贞：御于父乙？
贞：翌己卯王勿令兽？
丙戌卜，㞢贞：叟于岳？

第62片　《合》4·10602
丁亥卜，宾贞：王往涉兽？

贞□往□

涉兽，当是渡河以事狩猎也。

  第 63 片　《合》4·10603（《前》4·1·1）
  甲申卜，㱿贞：王涉兽？

  第 64 片　《合》4·10608
  辛卯卜，争贞：我兽，下乙弗若？

下乙，武丁之称祖乙。此辞问商王外出狩猎，祖乙是否予以保佑。若，顺也。

  第 65 片　《佚》115（《合》4·10611）
  癸丑卜，宾贞：酒大甲，告于祖乙，一牛，用？八月。
  □贞：酒大甲妌宗用？八月。
  王自往从兽？九月。

  第 66 片　《合》4·10655（《乙》2235）
  己卯卜，㱿贞：我其阱，擒？一
  己卯卜，㱿贞：弗其擒？一

  第 67 片　《合》4·10656（《丙》80）
  贞：我其阱，擒？五
  己卯卜，㱿贞：弗其擒？五

以上两版为一成套龟腹甲的第一、第五版，其第二、第三、第四版尚未见。"阱"字第一版作"𨸏"，第五版作"𨸏"，稍有不同，值得注意。第五版第一辞省去卜日及贞人之名。

  第 68 片　《合》4·10661
  甲戌贞：由丙子阱？一

贞：宙☐阱？一

第69片　《合》4·10707
甲午卜，亘贞：☒，不其☐

"☒"，象以毕捕豕之形，疑亦田猎方法之一。

第70片　《合》4·10726
☐冢（冤？）？王占日：ㄓ☐
☐罟豕，罟率☐叙☐

第71片　《合》4·10729
☐莫罟☐往罟☐

第72片　《合》4·10730（《龟》1·6·8，《珠》1114）
☐☐卜，亘贞：王往罟☐
日：ㄓ祟☐

第73片　《合》4·10761
☐牟二百六十九。
☐贞：勿兽？

"二百""六十"，均合书。

第74片　《合》4·10811
戊辰卜，争贞：皋罜（罗）？

第75片　《合》4·10812（《新缀》447）
庚寅卜，皋罜，亡☒（兇）？四（月）。
庚寅卜，贞：皋弗其罜，☐☒（兇）？四〔月〕。王于出☒

"☒"，鲁实先释之为"兇"，谓"☒"即《说文》训恶之"凶"，

"㣇"象二人相斗之形，示扰恐之义。"㱿"隶定为"㱿"，其为"兇"之古文无疑。(《甲骨文字集释》卷七第 2421 页) "亡兇"，读为"亡凶"，与"亡巛""亡尤""亡祸"同例。

　　第 76 片　《合》4·10903
　　贞：〖乎〗田〖从〗西？
　　贞：乎田从北？
　　贞：乎田从东？
　　贞：乎田从南？

　　第 77 片　《合》4·10904
　　壬辰卜▢王〖往〗▢田▢▢十月。
　　之日王往于田从东，允获豕三，十月。

据此，"往于田"似与"往田"同义，以其有所猎获也。

　　第 78 片　《合》4·10911
　　丙申卜▢〖贞〗：阱在南麋？

　　第 79 片　《合》4·10912
　　丙申〖卜〗，▢贞：阱〖在〗南麋？
　　▢▢卜，宾贞：阱在㕣▢？(余略)

　　第 80 片　《合》4·10921
　　▢之日王往于田，从韶京，允获麎二，雉十七。十月。

"十七"之"七"疑为记数字，因无他证，故暂释"十七"。

　　第 81 片　《合》4·10927
　　乎冓逐鹿于丧，获？(正)
　　允获鹿一。(反)

第 82 片　《合》4·10935
贞：乎逐在簪鹿，获？
贞：弗其获？
己丑卜，宾贞：㞢出子？
贞：㞢亡其子？

第 83 片　《合》4·10939
贞：帝（禘）？
贞：王往兽？
贞：王勿往兽从𢦔？
贞：王勿往兽从𢦔？
王往兽？
贞：帝？

第 84 片　《合》4·10940
翌庚午易日？
贞：王勿兽从𢦔？
贞：于岳出？
贞：王兽？

第 85 片　《合》4·9572（《续存》下 166）
戊子卜，宾贞：王逐集于沚，亡巛？之日王往逐集于沚，允亡巛，获集八。
庚辰卜，贞：翌癸未㞢西单田，受㞢年？十三月。
贞：不㱿？十三月。☐十三月。贞：☐〔十〕三月。
贞：其出？一月。

"集"从隹、从米，字不识，不知是何动物。

第 86 片　《乙》3764
癸未卜，㱿贞：多子获集？

第87片　《丙》323（《合》4·10950）

丙戌卜，王：我其逐鹿，获？允获十。

丙戌卜，王：〖我〗不其获鹿？一月。

丁亥卜，王：我蚩三十鹿逐？允逐，获十六。一月。我蚩七鹿逐？七鹿不靖。

甲〖子卜〗，王：〖其逐〗鹿，获？允获十。蚰。二月。

甲子卜，王：不其获鹿？

乙丑卜，王：其逐鹿，获？不往？

乙丑卜，王：不其获鹿？不往？

〖乙〗丑卜，王：其逐鹿，获？

乙丑卜，王：不其获鹿？

〖乙〗丑卜：〖王：不〗其获〖鹿〗？

戊辰卜，王：〖我〗逐〖鹿，获〗？

戊辰卜，〖王〗：〖不其〗获〖鹿〗？

我获〖鹿〗？允获六。

我不其获鹿？

己巳卜，王：获在¥咒？允获。

己巳卜，王：弗其获在¥咒？二月。

癸酉卜，王：其逐鹿？

癸酉卜，王：不其获鹿？

第88片　《合》4·10951

丁未卜，王：其逐在蚰鹿，获？允获七。一月。

壬辰卜，王：我获鹿？允获八豕。

壬辰□不其□二月。

戊午卜，更：阱，毕？允毕二□。二月。

戊午卜，更：阱，弗其毕？

壬午卜，王：其逐在万鹿，获？允获五。

壬午卜，王：弗其获在万鹿？

按此版由《乙》3214、3208、7680缀合而成，唯上下断处不接。论字体、事类，均似一版之折，但细究卜日干支，却颇可疑。丁未在一月，壬辰、戊午在二月，三者难以协调。既然丁未属一月，壬辰只能在戊午之后，而戊午至壬辰达 35 日，二者不可能同在"二月"之内。壬午二辞未记月名，据干支表推断，可能与戊午同在一个月内（当然也可能分属不同的月）。所以，《乙》3208 与 7680 的缀合，由于壬午二辞的对贞关系可以断定是正确的；但《乙》3214（即首甲与右前甲部分）与它们的缀合则是错误的。二者本是不同的龟腹甲，不能凑合在一起。由于内容本身重要，故予摹录并附论于此。

第 89 片　《合》4·10993（《安明》502）
戊子卜，争贞：勿涉兽？九月，在鲛。
庚寅卜，宾〔贞〕：□□宙□
十月。

第 90 片　《合》4·11003（《续》5·7·9）
癸酉卜，㱿贞：乎伲取橄于牧畕？

第 91 片　《合》4·11007
翌丁亥勿焚罕？
翌丁亥勿焚罕？

第 92 片　《合》4·11037
戊申卜，贞：马夆□

第 93 片　《合》4·11170
丙寅卜，㱿贞：王往省牛□□？一
贞：王勿往省牛？三月。

第 94 片　《合》4·11171
丙寅卜，㱿贞：王往省牛于辜？三
贞：王勿往省牛？三月。三
贞：🖐多沚？

按此片与上一片（《合》4·11170）卜日、贞人、事类、月份、字体全同，仅记数字此为三，彼为一，因疑这是一成套胛骨中的第一、三版。

第 95 片　《合》4·11176
贞：王往省牛？
贞：勿往省牛？
贞：视牛百？

"视"作"⌐⌐"，从示、目。

第 96 片　《丙》353（《合》4·11177）
丙午卜，宾贞：乎省牛于多奠？
贞：勿乎省牛于多奠？

第 97 片　《合》4·11395
贞：于南牧？
贞：王聑（听），不隹祟？
☐聑☐屮祟？

第 98 片　《屯南》附 19
贞：勿商牧？六月。

第 99 片　《合》4·11406
贞☐
贞：曰氏来𠚪往于𦎧？
贞：于𦎧大刍？
☐☐卜，亘贞：曰☐羊（𦎧）？

第 100 片　《合》4·11407
贞：刍于旬？

"旬"，疑即"郇"。

第 101 片　《合》4·11409
☐告刍☐
☐刍。十一月。

第 102 片　《合》4·11410
贞：叀令刍？

按以上第 1 片至第 102 片，皆武丁时期所卜。武丁时期是盘庚迁殷后商朝的鼎盛时期，武丁被称为中兴之主，谥为高宗。武丁在位颇久（据今本《竹书纪年》，在位达 59 年），卜风最盛，现存卜辞最多，其中田猎卜辞亦甚丰富，《合》第四册"社会生产"部分著录之田猎卜辞有 1227 片（如仔细分析，有些甲骨可能不属此类，但仍与田猎事有关）之多，仅次于第三期（廪辛康丁）。但值得注意的是，此期田猎卜辞多见于大龟腹甲及大胛骨，甚至还有成套甲骨；且多记商王大规模的田猎活动，记载猎获物种类及数量亦甚详尽，文字又多工整雄浑，在在体现着武丁卜辞的特点。

第 103 片　《合》8·24445
乙巳卜，出〖贞〗：王行逐☐？
乙巳卜，出贞：逐六兕，毕？

"行逐"，卜辞罕见，义当与"往逐""出逐"同。

第 104 片　《合》8·24448
癸卯卜，王曰贞：获？
甲辰卜，王。

"获"作"犭"，"又"列隹旁，不作以"又"持隹状，较为罕见。

第 105 片　《合》8·24449
癸未卜，王曰贞：弗获？兹用。
癸未卜，王。

第 106 片　《合》8·24457
戊寅卜，□贞：王其〚田于〛阤（或释"陧"），亡巛？在四月。
戊午卜，旅贞：王其于阤，亡巛？
戊辰卜，旅贞：王其田于阤，亡巛？
□尤？

戊午一辞漏刻"田"字。

第 107 片　《合》8·24474（《后》上 11·2）
甲午〚卜〛，□贞：〚王其田，亡〛巛？□
乙未卜，行贞：王其田，亡巛？在二月，在庆卜。
丙申卜，行贞：王其田，亡巛？在庆。

第 108 片　《合》8·24492（《粹》930）
戊寅卜，行贞：王其往于田，亡巛？在十二月。
□行□十二月。

第 109 片　《合》8·24496（《续》3·35·9）
庚午卜，出贞：翌辛未王往田？

第 110 片　《合》8·24501（《京都》1460）
丁丑卜，王曰贞：翌戊〚寅〛其往田，亡巛？不冓雨？
丁丑□曰贞：□
庚申卜，王〚曰〛贞：翌辛酉其田，亡巛？
〚庚申〛卜，王曰〚贞：其〛田，辛□
庚寅卜，王。

首辞"往"字刻于"田"字之右侧，殆属漏而补刻者（胡光炜称之为沾注）。

第 111 片　《合》8·24502

庚午卜，王曰贞：翌辛未其田，往来亡𤴓？不冓雨？兹用。
庚午卜，王曰贞：叀（毋）田？
☐卜☐翌☐田☐用。

第112片　《美录》60
乙☐贞☐于☐
辛☐贞☐
辛未卜，𡧍贞：王其田于𣊪？
乙亥卜，𡧍贞：王其田，亡𤴓？

第113片　《美录》56
辛☐贞：王☐于☐在☐
乙酉卜，𡧍贞：王其田于宫，亡𤴓？在五月。
〖辛〗卯卜，𡧍〖贞〗：王其田，〖亡〗𤴓？

第114片　《甲》1274
癸亥卜，大、即：王其田，华？

屈万里曰："大、即，皆第二期贞人名，此二人并贞之例也。二人共贞例，胡厚宣《卜辞杂例》（《集刊》八本三分）有说。本辞'即'下省贞字。"（《甲释》第180页）

第115片　《金》122
壬午卜，中贞曰：其兽？九月。
丁亥卜，大贞：卜曰其出氵彳（升）岁，自上甲，王气御？
辛亥卜，大贞：王其☐妣撲狄？

第116片　《合》13·40957（《金》123）
乙酉卜，旅贞：王其田于☐，往来亡𤴓？在一月。之乙酉彡（肜）于祖乙☐。
☐未卜，旅贞：王其田于来，亡𤴓？在二月。

以上第103片至第116片，凡14片，为祖庚祖甲时物。武丁之后，祖庚继位、11年而卒，祖甲继位、33年而卒（据今本《竹书纪年》），前后40余年，然现存卜辞不多。《合》第八册著录此期卜辞4 342片，第十三册著录此期卜辞392片，共4 700余片。其中，田猎卜辞不足200片，且多残片碎辞，不能卒读者。既无大规模的田猎活动记述，也很少见有猎获物及数量的记录。其原因颇值得研究。可能如董作宾所言，祖甲是革新派，锐意改革，故外出田猎活动大为减少，规模也大为缩小。但也不能排除这种可能性：经过武丁几十年的狂捕滥杀，至祖庚祖甲时期野生动物已大为减少，这当然会影响商王狩猎的兴致和狩猎的收获了。此期田猎卜辞的特点是：一般称"田"不称"兽"（狩，极少见），重点在问是否"往田""王其田"，是否"往来亡巛"，而不在于能否猎获某种动物；开始注意田猎地的选择，辞中常记在某地卜，在某月；不见连续若干日占卜田猎之例。

第117片　《合》9·28305（《粹》1007）
王其射又豕，湄日亡戈？畢？大吉。

第118片　《合》9·28314
丁亥卜，翌日戊王叀囿田☐弘吉，兹用。王畢狂（狐）卅又七。（余略）

第119片　《甲》1650
丁亥卜，狄贞：其田爲，叀辛？湄日亡巛？不雨？
贞：翌日戊王其田盂，湄日亡巛？

"田盂"之"田"缺刻一横画。

第120片　《甲》1603
丁酉卜，狄贞：王田，于西立（位）畢？吉。
☐☐卜，狄☐：☐畢？

屈万里曰："古立、位同字，此立字当读为位。西位，盖谓田猎时阵于西方以伺兽之处也。《撫续》121片云：'……王于东立逐出，㞢？'亦田猎之辞，可以互证。"

  第121片 《合》9·28318（《后》下41·13未拓全）
  戊王其射冈狐，湄日亡戈？㞢？吉。
  其乎射冈狐，㞢？大吉。

  第122片 《合》9·28324
  五鹿获？四鹿获？

"五"作"㐅"，中多一横，与常例小异。

  第123片 《合》9·28338
  王其涉滴射鹿，亡戈？
  弜涉，每？

  第124片 《合》9·28339（《续》3·44·3）
  ☐田☐亡戈？
  弜涉？
  王涉滴，射又鹿，㞢？
  ☐㞢？

  按以上二片皆言"涉滴射鹿"，余外尚有《京津》4470，《粹》950、1549，《京都》2139等片，亦言"涉滴"。"滴"即滴水，今之沁河，其河之南有欒、亶、向、敦（㚔）等田猎地，其北有盂、䢼、斝等田猎地。今言"涉滴"，当是渡滴水以事田猎。其占卜之地亦即准备涉滴之地，当非安阳，而是滴水北岸的盂、䢼、斝诸地。但辞中不记"在某卜"，无法判断。此亦可证董氏关于蒙山田猎区之说非是。

  第125片 《合》9·28342
  葂欒。其雨？
  王其征至于欒，亡戈？

弜至麝，其每？
其眔麝鹿，擒？

"其"字缺刻一横。

> 第126片　《合》9·28345（《粹》955）
> 叀阹𢦏，获又大鹿，亡戋？
> □大雨？

> 第127片　《合》9·28347
> 其兽，亡戋？
> 弜射斿鹿？
> 王其田斿，不冓大雨？

> 第128片　《合》9·28351
> 隊鹿□其南微，擒？吉。
> 其北微，擒？吉。

"微"作"𢼸"，即"牧"字之繁形。

> 第129片　《合》9·28356
> 其西逐□又麋，〖亡〗戋，擒？

> 第130片　《合》9·28368
> 贞：叀豕逐，亡巛？弗每？
> 贞：叀又麋擒？

"麋"字横刻作"𢒦"，少见。

> 第131片　《合》9·28370
> 叀又□先逐，亡戋？
> 王其逐斿麋，湄日亡戋？

弜逐狩麋，其每？

第 132 片　《合》9・28371
丁丑卜，翌日戊王其田☒？征田☒
王其田狩，其射麋，亡巛？毕？

第 133 片　《合》9・28389
其五☒☒

此片之奇字，不知是何动物之象形。

第 134 片　《合》9・28391
王其射兕，亡戋？
弜射？

第 135 片　《合》9・28424
☒☒☒毕，亡巛☒

第 136 片　《合》9・28428
☒其渔？

第 137 片　《合》9・28429
弜渔？

以上两片卜"渔"，渔字均象两手举网网鱼之形，于此可知古代捕鱼之用网与今略同。

第 138 片　《合》9・28433
戊申卜，允贞：王其田，亡巛？
壬子卜，允贞：王其田，亡巛？
☒巛？

"王"字出现两处，均作"玉"，中笔冲出顶部，乃契刻之误。

第 139 片　《合》9·28457（《续存》上 1965）
翌日乙王其田，亡戋？吉。

第 140 片　《合》9·28459
丁卯卜，贞：翌日戊王其田，亡戋？

第 141 片　《合》9·28466（《缀》349，《新缀》102）
壬午卜，狄贞：王其田，往来亡戋？
戊辰卜，狄贞：王其田，往来亡巛？
戊午卜，□贞：王其田，往来亡巛？

此版"灾"字出现三处，分别作"𢦏、≈、巛"之形。一字异形，共见一版，以三期卜辞为多，此即一例。

第 142 片　《合》9·28494
王其田，湄日亡戋？不雨？大吉。
不警？

第 143 片　《合》9·28496
于戊田，湄日亡戋？衍王，㞢？
王其田，叀乙，湄日亡戋？衍王，㞢？
〔于〕戊田，湄〔日〕亡戋？衍〔王〕，㞢？

"衍"，从人从行，象人行道中；或作"𠈽、彳"，从彳，与此同义。《甲骨文编》将之附于行部之后，作为"《说文》所无"字。罗振玉《增订殷虚书契考释三卷》释此为"行"，谓"作𠈽与石鼓文同，作彳则臭行之半，义已明矣"。屈万里曰："卜辞𠈽字之原始意义，当为道路，乃名词，𠈽，则象人行于道路，乃动词也。因行字亦作动词用，后世衍字遂罕见耳。《广雅·释诂》：'行，陈也。'（陈即阵）左氏襄三年传：'乱行于曲梁。'杜注亦云：'行，陈也。'此衍王之衍，疑亦列阵之义。衍王乃王

衍之倒语，意谓王亲布田猎之阵也。"(《甲释》第 90 页 573 片考释)

第 144 片　《京津》4539（《合》9·28500）
丁丑卜，翌日戊王其田，湄日亡𢦔？

第 145 片　《合》9·28508
庚申卜，翌日辛王其田，湄日亡𢦔？

第 146 片　《合》9·28513
辛亥卜，其☐
于翌日壬？
王其田，湄日不遘雨？
☐遘雨？

第 147 片　《合》9·28514
弜☐其☐
戊王其田，湄日不遘大雨？
其遘大雨？
王其田馽（勎），亡𢦔？
于旦，亡𢦔？

第 148 片　《合》9·28535
〖戊〗☐卜，今日戊王其田，不遘雨？兹允不☐

第 149 片　《甲》1604
乙丑卜，狄贞：今日乙王其田，湄日亡𢦔？不遘大雨？大吉。

第 150 片　《合》9·28539
辛☐允大☐
今日辛王其田，不遘雨？
其遘雨？
壬王其田，雨？

☐雨？

第151片　《合》9·28545
今日壬王其田，不遘大雨？吉。大吉。

第152片　《合》9·28553
王叀☐田☐☐
翌日壬王其田，不风？

此辞"田"字中笔微长伸出"□"外，乃契者粗疏所致，绝非"由"字。

第153片　《合》9·28556
辛卯☐
弜田，其雨？
壬弜田，其雨？
今日辛王其田，不冓大风？（余略）

第154片　《合》9·28609
庚申卜☐
弜田，其每？
于壬王迺田，亡戋？
叀田省，亡戋？

第155片　《合》9·28611
辛☐
于翌日壬王迺田，亡戋？
今日征雨？
不征雨？

第156片　《合》9·28618
大食不☐。

于壬王迺田，不雨？
壬弜田，其雨？吉。
不啓？
壬不雨？

大食，与小食相对，为记时之辞，在大采之后，相当于今之上午 9 点到 10 点（董作宾说）。

第 157 片　《合》9·28633
于丁□省田，〖亡〗㦰？□冓〖雨〗？
于辛省田，亡㦰？不冓雨？

第 158 片　《合》9·28656
叀□弗来□亡㦰？
叀田省，湄日亡㦰？
王叀□从，〖湄〗日亡㦰？

第 159 片　《合》9·28644
辛巳卜，翌日壬王叀田省，湄日亡㦰？

第 160 片　《合》9·28640
壬王叀田省，亡㦰？吉。
其兽，亡㦰？大吉。

第 161 片　《合》9·28765
□□卜，王其迍从东？吉。

"迍"作"𢓊"，从辵、屯，与"徣、𢓊"形似而有别，字当释"迍"。《易·屯》六二："屯如邅如。"屯或本作"迍"，与卜辞同。迍当是屯邅之本字。古谓勒兵而守曰屯（《史记·傅靳蒯成列传·集解》"将屯"）。卜辞"迍"当亦有"守"义，殆谓停留于某地以事田猎等活动。

第 162 片　《合》9·28773（《甲》1656）
翌□
贞：翌日戊王其田，湄日亡巛？
贞：王其田兽，亡巛？

第 163 片　《合》9·28776
王□田〖省〗□不□
王其兽，不雨？
丁巳卜，今夕不雨？

第 164 片　《合》9·28780
王虫□亡戋？
其兽，亡戋？

第 165 片　《合》9·28789
丁酉□
虫牢田，亡戋？
虫徣田，亡戋？
其逐〖徣〗麋自西东北，亡戋？
自东西北逐沓麋，亡戋？

此片诸辞，均卜田猎事。其占卜次序，大概先择地（牢或徣），后卜田猎手段（逐）。从东西北三面逐麋，逼其南走而捕获之，这有点像后世军事上的围城之法：围三方而空其一，诱（或逼）其出而歼之。卜辞卜逐鹿逐麋逐兕之辞屡见，而如此片之言具体"逐"法者则属少见，至可宝贵。

第 166 片　《合》9·28790
弜逐徣麋，其每？
王其东逐徣麋，毕？其北逐，毕？

东逐，北逐，亦言逐之具体方案：从东面追逐，还是从北面追逐？此与上片从三面追逐之辞稍异。

第167片 《新缀》523（《粹》959，《缀》232）
〖甲子卜〗，豕（逐）麋，毕？
〖乙丑卜，豕（逐）〗麋，毕？
丙寅卜，豕（逐）麋，毕？月。麋。
丁卯卜，豕（逐）麋，毕？
戊辰卜，豕（逐）麋，毕？
〖己巳卜，逐〗麋，毕？幺六月。
〖庚午卜，逐〗麋，毕？
〖辛〗未〖卜，逐〗麋，〖毕〗？
壬申卜，逐麋，毕？
癸酉卜，逐麋，毕？
甲戌卜，逐麋，毕？
〖壬〗辰卜，逐麋，毕？
癸巳卜，逐麋，毕？
〖甲〗午卜，逐麋，毕？
乙未卜，逐麋，毕？
〖丙〗申卜，逐〖麋，毕〗？
丁酉〖卜，逐〗麋，毕？
戊戌卜，逐〖麋，毕〗？
〖己亥〗卜，逐麋，毕？
庚子卜，〖逐麋，毕〗？
〖辛〗丑卜，逐麋，毕？
壬寅卜，逐麋，毕？
癸卯卜，逐麋，毕？
□麋，毕？
丁巳歧（此三字倒刻）

此版卜辞，均卜逐麋事。先自甲子开始，逐日卜至甲戌止，凡十一日，又自壬辰开始，逐日卜至癸卯为止，凡十二日。又，辛丑右侧尚有一辞，残存"麋毕"二字，究系何日所卜，不能确定。第一至第五辞（甲子至戊辰）"逐"字均遗刻"屮"而误为"豕"。第三辞又多"月""麋"二字，第六辞于"六月"上增一"幺"字，未知是否习刻者所为。末辞仅三字，倒刻，郭沫若"疑是契刻者之题记，殸即契刻者名也"，近是。

第 168 片　《合》9·28826
癸酉卜，翌日乙王其田，𢦔？吉。

"翌日"二字补契于乙字右侧，"吉"字未刻全。

第 169 片　《合》9·28843（《甲》816）
于白东𢦔？
于白西𢦔？

白，地名。《南北·明》534（《明后》2182）云："庚子卜，王往田于白？"《撷续》122 云："癸未贞：王其兽白？"皆其证。

第 170 片　《合》9·28883
王其田，涉滴，至于夒，亡戈？

第 171 片　《合》9·28885
王其田盂，至夢，亡戈？

第 172 片　《合》9·28905
丁丑卜，翌日戊王其迍于勹，亡戈？
于梌，亡戈？
于丧，亡戈？
于盂，亡戈？
于宫，亡戈？
翌日辛王其迍于勹，亡戈？
于梌，〖亡〗戈？

此版为择地之卜，首言"迍于勺"，有无灾祸，而后依次卜问至梌、丧（旧释"噩"）、盂、宫等地是否无灾（"于梌"为"迍于梌"之省，余同）。戊寅那天究竟商王迍于何地，抑或根本未曾成行，已不可考知。从本版卜辞分析，勺、梌、丧、盂、宫等地应该都在当时商王的驻地附近，都是从事田猎的好地方，故要通过占卜以决定去哪里为好。

第 173 片　《合》9·28917
于𠂤，亡𢦒？
不雨？其雨？
辛未卜，翌日壬王其迍于㽙，亡𢦒？
于梌，亡𢦒？

第 174 片　《合》9·28940
虫□田射？辥䇂。
翌日壬王其迍于梌，亡𢦒？

第 175 片　《合》9·28955
于盂，亡𢦒？
于宫，亡𢦒？
翌日辛王其迍于向，亡𢦒？
于丧，亡𢦒？
于宫，亡𢦒？
〖翌〗日壬〖王〗其迍〖于〗向，亡𢦒？

第 176 片　《甲》3914（《合》9·27146）
己巳卜，狄贞：王其田，亡𡿪？
己巳卜，狄贞：其田，不冓雨？
己巳卜，狄贞：王其田，𡰥辛，亡𡿪？
己巳卜，贞：王其田，𡰥壬，亡𡿪？
己巳卜，犬（狄）贞：王其田，𡰥乙，亡𡿪？
己巳卜，狄贞：其冓雨？
庚午卜，狄贞：王其田，𡰥乙，亡𡿪？吉。

庚午卜，狄贞：蚩戌，亡巛？
庚午卜，狄贞。
庚午卜，狄贞：王其田于利，亡巛？吉。
壬申卜，狄贞：王其田衣，亡巛？吉。
戊寅卜，贞：王其田，亡〖巛〗？
戊寅卜，贞：王其田，亡巛？
戊寅卜，贞：王其田，不雨？吉。
甲申卜，贞：王其豕（逐）麋？

此辞"贞王其"三字缺刻横画，"逐"字误刻为"豕"。

乙巳（此字漫漶不清，屈氏释"丑"）卜，狄贞：王其田衣入，亡巛？吉。

屈氏曰："田衣入，谓狩猎于殷地旋归也。"

戊午卜，狄贞：王宾？
戊午卜，狄贞：王弜宾？吉。
戊午卜，狄贞：隹兕，于大乙隹示？大吉。

屈万里云："隹兕之隹，当是获字之省假；'于大乙隹示'，意谓'隹示于大乙'也。示，祭名。"

戊午卜，狄贞：隹兕大丁隹示？吉。
戊午卜，狄贞：隹兕，于大甲隹示？

第 177 片　《甲》3915（《合》10·30757）
癸卯卜，狄贞：其兄（祝）？
癸卯卜，狄贞：弜巳（祀）兄（祝）？
癸卯卜，贞：蚩祼？
癸卯卜，贞：蚩岁？
□□□，狄□：□兕□？

癸卯卜，狄贞：弜巳，蚩又吕□？
甲辰卜，狄贞：王其田，蚩翌日乙，亡巛？
甲辰卜，狄贞：蚩翌日戊，亡巛？
甲辰卜，狄贞：蚩壬，亡巛？
甲辰卜，狄贞：丰三卜，𠦪䄆？

屈氏释文，"丰"下有"弜"字，云"弜三卜，谓不须三次卜问也"。细视原拓，"丰"已属模糊，更无从辨认及摹录"弜"字。

甲辰卜，贞：王其田𠦪䄆？
丙辰卜，狄。
丙辰卜，狄贞。
丙辰卜，狄贞：勿争？吉。
丙辰卜，狄贞：争丫？
丙辰卜，狄贞：勿争？吉。
甲子卜，狄贞：王其田，亡巛？吉。
甲子卜，狄贞：王异其田，亡巛？

屈氏谓"异盖假为翌"，以《甲》3636"王异戊其射在𠦪兕"为证。按《说文》"祀"古文作"禩"，疑此"异"即"巳（祀）"之假借，下辞云"勿巳田"与此对贞。

甲子卜，狄贞：王勿巳田？

屈氏谓"巳田"为田猎之祭，如祷祃之类。

□巳，蚩乙？吉。
甲子卜，狄贞：王其巳，蚩丁？

第178片　《甲》3916（《合》10·30439）
癸酉卜，贞：其𥝢于河，王宾？吉。

⌘，祭法之一种（参考《综述》第 588 页）。

　　贞：弜宾？
　　贞：王其田于丫，⌘于河？
　　贞：弜？
　　贞：其兄，允㞢？乙王其各丫咒。吉。

屈氏曰："此乃倒装语法。"意谓"贞：乙王其㗊丫咒，其兄，允㞢"也。"㗊"，当是"各"之异体，于此乃格斗之义。"兄"，读为"祝"，谓祷于神也。

　　贞：弜兄？
　　乙亥卜，狄贞：王衣入，犬亡巛？
　　贞：其涉咒𠂤沚？

屈氏曰："咒"于此作动词用，谓猎咒也。此卜问涉𠂤沚猎咒之辞也。

　　贞：不涉？
　　丁丑卜，狄贞：其用兹卜，异其涉咒，同？吉。
　　贞：不同涉？吉。
　　贞：叀马亚涉咒？
　　贞：叀众涉咒？大吉。
　　丁丑卜，狄贞：其□禾于河，叀祖丁祝用？吉。
　　贞：叀父甲祝用？
　　贞：叀祖丁祝用，王受又？
　　贞：辛天雨？

天雨，即大雨，卜辞"天""大"同义。

　　第 179 片　《甲》3918（《合》9·27459）
　　壬子卜，狄贞，王其□羊？

"其"下一字不可辨识。"㞢",不识,疑地名。

  壬子卜,王其田?
  戊午卜,贞:王其田,往来亡巛?
  庚申卜,贞:王叀麦麋逐?
  庚申卜,贞:王勿利南麋?

"勿"下疑脱"逐"字。"利",地名。

  庚申卜,狄贞:叀辛田?
  庚申卜,贞:叀壬田?
  庚申卜,狄贞:王叀斿麋用?吉。

此卜问以田于斿所得之麋用于祭祀。

  辛酉卜,贞:衣犬,亡?

屈氏曰:"衣",盖谓殷祭。"犬",疑是山名。"亡"下脱"灾"字。

  壬戌卜,狄贞:王父甲𠂤,其豊,王受又又?大吉。

屈氏曰:王下省"叀"字,"豊",读为"醴"。"𠂤"字未识,疑是祭名。

  贞:勿豊?

"勿"字未刻完。

  壬戌卜,贞:叀丙用?
  〖贞〗:弜丙?吉。

"贞"字拓本无,此据屈万里释文补。

贞：五虫隻？

"隻"当是"隹"字，而假为"获"，"五虫隹"意谓"叀获五"也。

贞：弜美？
贞：虫虘用？大吉。

"虘"，祭名。

贞：勿虘？

"勿"上有"八"，疑是衍文。

癸亥卜，狄贞，今日亡大觀？

屈氏曰："觀"，隶定之当作"觀"。（按：当是"飓"或"飇"字。）《书·无逸》"无皇曰"之皇，汉石经作"兄"。《诗·桑柔》"仓皇填兮"，释文云"皇，本亦作况"，是知"皇""兄"同声，字书有"飇"字，音横。《玉篇》云："暴风也。"韩愈《城南联句》："龙驾闻敲飇。"朱子《考异》云："飇，或作飓。"是"飇""飓"同字。甲骨文习见卜风之辞，而"觀"与"觀"（觀）皆从雚作，则"觀"为"飇"若"飓"字，盖无疑也。

癸亥卜，狄贞：又大觀？

"又"字反书为"ㄨ"。

辛未卜，狄贞：虫田？
辛未卜，狄贞：虫壬田？
狄。（此甲尾签名。）

第180片　《合》9·29084（《甲》3919）

丁丑卜，狄贞：王其田𣠽，往？
丁丑卜，狄贞：王往戋，御？
丁丑卜，狄贞：王田，㞢？弗㞢？
丁丑卜，贞：王田，叀乙？
丁丑卜，贞：王田，叀丙？
丁丑卜，狄贞：王田，不遘雨？
丁丑卜，狄贞：其遘雨？
贞：乎北洮立（位）？
贞：勿巳（祀）？
丁丑卜，贞：王其田于盂，余南立（位）？
丁丑卜，贞：王其射，获，御。
贞：弗㞢？

此为大龟背甲，为一日所卜，皆田猎卜辞，背甲刻辞中所少见。

第181片　《合》9·29232
戊王□田□
王叀𣠽田，湄日亡戋？
叀斿〔田〕，湄日〔亡〕戋？

第182片　《怀特》1432
□田其□
于壬王廼田，湄日亡戋？衍。
弜田牢，其每？
叀盂田，弗每？亡戋？

第183片　《屯南》86
□寅卜，王其射𣁋白狐，湄日亡戋？

"𣁋"，地名。

第184片　《屯南》256

弜□亡□
王其涉滴，射麋鹿？
丁丑卜，翌日戊王异其田，弗每？亡戋？不雨？

"异"，当读为"巳"，即"祀"。据此可证屈万里氏"异盖假为翌"说之非是。

第 185 片　《屯南》762
辛巳□
弜焚津录（麓）？
王叀成录焚，亡戋？
弜焚成录？
王叀津田，湄日亡戋？
叀成田，湄日亡戋？

第 186 片　《屯南》4490
叀浇焚，亡戋？
叀苗焚，亡戋？
叀苗焚，亡戋？𢆉？

此亦择地之卜，问"焚"浇与苗两地何者亡灾也。

第 187 片　《合》9·29248
王其兽□湄日亡〖戋〗？
王弜浇，其雨？
王叀宰田，不冓雨？吉。

第 188 片　《合》9·29256（《后》上 15·3）
田于宕？其用兹卜。

"其用兹卜"，谓用此卜可至宕田猎也。

第189片　《合》9·29351
己亥□昱宿，亡戋？
弜宿？吉。
王其田？在🐘。吉。

"在"下一奇字，疑是"异"之繁文。

于昱宿，亡戋？大吉。
王叀翌日辛田，〖亡〗戋？大吉。

以上第117片至第189片，凡73片，为廪辛康丁时所卜。廪辛在位4年，康丁在位8年（据今本《竹书纪年》），前后仅10余年，现存田猎卜辞数量却远远超过祖庚祖甲时期。《合》第九册著录此期田猎卜辞1 385片，就数量言之，相当于第二期的6倍，并超过第一期（武丁），居各期之首。而且也常见以大腹甲整版卜田猎事。与前期相比较，此期田猎卜辞贞问的重点是田猎地点及日期的选择，商王最关心的是田猎全过程中的安危吉凶，"湄日亡巛"（意即"终日无灾"）为此期田猎卜辞之常用语，"巛"又多作"戋"。"王其田叀干支（乙、戊、辛、壬）湄日亡戋"或"翌日干支王其田湄日亡戋"，以及"王叀某（地）田湄日亡戋毕"或"于某（地）亡戋"是常见的形式。"吉""大吉"是常见的兆侧刻辞。除了"湄日亡戋"外，商王还担心气候的变化，是否有雨。故此期田猎卜辞又常有气候的占卜，问"其雨""其不雨""其有大风""有大风""遘雨""不遘雨""遘大雨"等。除大量的"王其田亡戋"或"王其田某（地）亡戋"外，亦偶见"兽"的占卜，或与"田"并见于一版；卜射（逐）之辞则常见"射（逐）某（地）鹿毕（获）"的形式。

第190片　《合》11·33361
乙丑卜，王往田，亡戋？
□丑卜，犬来告又（有）麋，王其匕从臬？

"犬"，犬官，专司田猎事。"来"，或为人名，而非往来之来。

第 191 片　《合》11·33362（《宁沪》1·393、1·394）
□□卜，王往田，从来，禽犬，毕？
壬午卜，王往田，亡戋？
☑往田于来，禽☑。

"亡我"，当是"亡戋"之误，例亦见陈邦怀《甲骨文零拾》160 片之背文"〖王〗固曰：出祟，其出来，气至，亡我"。与本辞可互证。陈氏读"我"为"俄"，谓无俄犹言不久，失之。

第 192 片　《合》11·33363
王☑㚘☑
叀虝豕射，亡戋？毕？

"虝"，从虎从田，《说文》所无，在此当为地名。

第 193 片　《合》11·33367
甲子卜，翌日乙，王其田目，亡戋？吉。
其田目，毕又鹿？

第 194 片　《屯南》663
乙酉卜，在箕：丙戌王阱，弗正？
乙酉卜，在箕：丁亥王阱，允毕三百又四十八。
丙戌卜，在箕：丁亥王阱，允毕三百又四十又八。
丁亥〖卜〗，阱，〖毕〗？允。
〖戊〗子卜，今日王逐☑
旬三骨☑

第二辞（乙酉）"在箕"二字契于乙酉之左侧，当属补刻，卜辞习见之。

第 195 片　《屯南》664（即 663 反）
壬午卜，在箕：癸未王阱，**擒**？不**擒**？

弗隻？
不？
甲申卜，〔在〕箕：□□，弗〔正〕？
甲申卜，在箕：丁亥王阱，隻，弗□？
乙酉卜，在箕：今日王〔逐〕兕，隻？〔允〕隻四。
弗隻？
弗隻？
丙戌卜，在箕：今日王令逐兕，隼？允。
丙戌？
〔丁〕亥，王阱，易日？允。
不易日？

"乙酉卜"之"乙酉"二字及"不易日"之"不易"二字，拓本模糊不清，本书未能摹出；而《屯南》下册之第二分册所载摹本（第38号）则清晰可识，可参看。

第 196 片　《合》11·33374 正
□巳卜，□□大甲𢆶？
☑隻二百又六，在箕。

第 197 片　《合》11·33374 反
戊寅卜，王阱，易日？允。
辛巳卜，在箕：今日王逐兕，隼？允隼七兕。（余略）

"隼"作"𢆶"，"隻"之异文，"⁊"象简化之鸟形，亦即"隹"也。

第 198 片　《合》11·33398
虫今日辛𣪞（围），允隼？
于翌日壬𣪞，隼？

第 199 片　《合》11·33399

壬寅卜，于☐
于㭱▨，单？

第200片　《合》11·33410
乙巳卜☐今日不雨？☐
乙卯贞：王往田，亡戋？
不雨？兹雨？
不雨？兹雨？

第201片　《合》11·33412
乙卯卜：王往田，不雨？
亡戋？

第202片　《合》11·33430
辛丑卜，王往田，亡戋？不雨？
辛亥卜，王往田，亡戋？不雨？
甲寅贞，其又于祖乙，三〖牛〗？兹用。
戊午卜，〖王〗往田，亡戋？
辛酉卜，王往田，亡戋？

第203片　《合》11·33448
☐匕☐
乙酉卜：王其田，亡戋？
不冓雨？

第204片　《合》11·33468
戊申〖卜〗，贞：王其〖田〗，亡戋？
辛亥卜，贞：王其田，亡戋？
壬子卜，贞：王其田，亡戋？
乙卯卜，贞：王其田，亡戋？
戊午卜，贞：王其田，亡戋？

此片存卜辞五条，分别为乙、戊、辛、壬诸日所卜，命辞均为"王其田，亡𢦏"，一无变化。

  第 205 片　《合》11·33469
  戊申〖卜〗，贞：王其田，亡𢦏？
  壬子卜，贞：王其田，亡𢦏？
  戊午卜，贞：王其田，亡𢦏？
  〖辛〗酉卜，〖贞〗：王其〖田，亡〗𢦏？

以上为此片之下半部，即《粹》961。

  ☐贞☐田☐
  壬申卜，贞：王其田，亡𢦏？
  乙亥卜，贞：王其田，亡𢦏？
  戊寅卜，贞：王其田，亡𢦏？

以上为此片之上半部，即《粹》964 和《诚》315。

此片由《粹》961、964 及《诚》315 三片缀合而成，曾毅公著录于《缀》177。按以干支推之，《粹》961 顶部一辞当是辛酉所卜。辛酉之后，依卜辞惯例，当是壬戌，不应是壬申。可见，它与《粹》964 不是一骨之折，而是分属两骨，不能缀合的。又，《缀》177 缀合之误，严一萍《新缀》（第 525 版）已经指出，而《合》仍袭之，不知何故。

  第 206 片　《合》11·33522
  壬辰〖卜〗，贞：王其田，亡巛？
  丁酉卜，贞：王其田，亡巛？
  戊戌卜，贞：王其田，亡巛？
  壬寅卜，贞：王其田，亡巛？
  乙巳卜，贞：王其田，亡巛？
  戊申卜，贞：王其田，亡巛？

此片存六辞，除乙、戊、壬等日外，又增一丁日。

第207片　《合》11·33526
癸丑贞：王令利出田，告于父丁，牛？兹用。
于□羌□

此辞"牛"下有"一"字，疑为序数字，不当读为"牛一"。此谓"令利"（人名）外出田猎，问以牛为牺牲向父丁（当指"康丁"）举行告祭好不好。占卜的结果大概是吉兆，故决定"兹用"——犹今之言照办也。

第208片　《合》11·33542
辛巳〖卜〗，贞：王其田向，亡戋？
壬午卜，贞：王其田丧，亡戋？
乙酉卜，贞：王其田向，亡戋？
戊子卜，贞：王其田盂，亡戋？
辛卯卜，贞：王其田丧，亡戋？
壬辰卜，贞：王其田向，亡戋？
乙未卜，贞：王其田丧，亡戋？

此骨残存七辞，卜日天干不出乙、戊、辛、壬，且依次贞问，很有规律，值得注意。此亦可证松丸道雄之说不误。但若要据此而推断向、丧、盂三地的距离则是困难的。

第209片　《合》11·33543
壬午卜，贞：王〖其〗田向，亡〖戋〗？
乙酉卜，贞：王其田丧，亡戋？
戊子卜，贞：王其田虞，亡戋？
〖辛〗卯卜，〖贞〗：王其田□，亡戋？

第210片　《合》13·41559
□其田𦍌，湄日亡〖戋〗？
□湄日亡戋？
□其焚，亡戋？

第 211 片　《合》13·41563
弜□其□。
叀田省，亡戋？
其兽，亡戋？
叀𠭖田，亡戋？
叀浣田，亡戋？
□戋？

第 212 片　《屯南》997
乙酉卜，王往□。
乙酉卜，犬来告又鹿，王往逐？
弗擒？
辛卯卜，〚王〛往田，亡戋？
壬辰卜，王往田，亡戋？
戊戌卜，王往田，亡戋？
王往田，亡戋？

以上第 190 片至第 212 片，共 23 片，（其中第 195、197 片分别为第 194、196 片之反面，故实为 21 片），为武乙文丁时物。据今本《竹书纪年》，武乙在位 35 年（董氏考定为 4 年），文丁在位 13 年，均较廪辛康丁时为长。但现存田猎卜辞却不多，《合》第十一册著录 331 片，仅多于祖庚祖甲时期。加上《合》第十三册及《屯南》中的有关材料，这一时期亦不过 400 余片，论数量远远比不上廪辛康丁时期。卜辞内容也较前期为简单，"王其田亡戋""王往田，亡戋""叀某（地）田亡戋"等形式较常见。很少有猎获物及其数量的记录，也无"吉""大吉"之类的兆侧刻辞。前辞形式以"干支卜""干支贞"最常见，"干支卜贞"次之，但无论何种形式都不见贞人之名。

第 213 片　《合》12·37362
壬辰□亡巛□虎一，狐七。
壬寅卜，贞：王田牢，往来亡巛？王占曰：吉。兹御，获虎一，狐六。

丁卯卜，贞：王田䧂，往来亡巛？王占曰：吉。
戊申卜，贞：王田䓠，往来亡巛？
壬子卜，贞：王田䓠，往来亡巛？王占曰：吉。
戊辰卜，贞：王田䓠，往来亡巛？王占曰：吉。
辛未卜，贞：王田□，往来亡巛？王占曰：吉。

此为右胛骨，上契卜辞七条，皆卜田猎事，第一辞（壬辰）稍残，不知田猎地，但记有所获的"虎一狐七"。第二辞（壬寅）较为完整，且明言"兹御"——"王占曰：吉"之后立即行动，"兹御"之后记田猎所得的兽名及数量，唯"狐"字稍残。其余五辞除戊申一辞外，均言"王占曰：吉"，但都无"兹御"之语，更无田猎结果的记述。一些学者曾推测，商王卜田猎占吉凶，往往卜而已，并非每次都有行动，唯独称"兹御"的才是真的出去打猎了。验以此版卜辞，知此推论不无道理。

第214片　《合》12·37363

戊戌王卜，贞：田鸡，往来亡巛？王占曰：吉。兹御，获狐□。
辛丑王卜，贞：田䓠，往来亡巛？王占曰：吉。
壬寅王卜，贞：田䧂，往来亡巛？王占曰：吉。
戊申卜，贞：田䍙，往来亡巛？王占曰：吉。兹御，获兕六，狐□。
壬子卜，贞：田牢，往来亡巛？王占曰：吉。兹御，获兕一，犬一，狐七。
乙卯王卜，贞：田䓠，往来亡巛？王占曰：吉。
戊午王卜，贞：田䓠，往来亡巛？王占曰：吉。兹御，获兕一，犬一，狐一。
辛酉卜，贞：王田䕺，往来亡巛？王占曰：吉。

此片计八辞，均卜田猎事，四辞（戊戌、戊申、壬子、戊午）称"兹御"而有获，其余则但言"王占曰：吉"而已，不称"兹御"，亦无所获，情况与上一版（《合》12·37362）同。

第215片　《新缀》435（《合》12·37367，《通纂》641）

乙酉卜，贞：王田丧，往来亡灾？
□□卜，贞：〔王田〕宫，往〔来〕亡灾？
丁亥卜，贞：王田䝯，往来亡灾？㞢□获狐十八，㝱二，雉五。
□□卜，贞：〔王田〕丧，〔往〕来亡灾？
辛卯卜，贞：王田宫，往来亡灾？
□□卜，贞：〔王田〕䨻，〔往〕来亡〔灾〕？

此片乃由郭沫若将《前》2·30·1与《龟》2·18·16二片缀合并著录于《卜辞通纂》641、曾毅公《甲骨叕存》16、《甲骨缀合编》199、严一萍《新缀》435。左下隅一辞，较为模糊，曾、严二氏之摹本亦各有异。今参照郭氏释文，核对原片摹录。郭氏《通纂》考释此辞为："丁亥卜，贞：王田䝯，往来亡灾，㞢，获鹿八，兔二，雉五。"姑录之以备考。

第216片　《合》12·37379（《通纂》638）
乙未王囗往来亡囗兕二。
丁酉王卜，贞：其遊（过）于宫，往来亡灾？
戊戌王卜，贞：其田丧，往来亡灾？
壬寅王卜，贞：其田于牢，往来亡灾？
囗其囗来亡灾？

第217片　《合》12·37380（《通纂》682）
戊申囗王占囗鹿囗
壬子王卜，贞：田盩，往来亡灾？王占曰：弘吉。兹御，获狐四十一，麂八，犴一。
□□王卜，〔贞：田〕䝯，〔往〕来亡灾？〔王占〕曰：吉。

"犴"，不识，当为动物之名。郭沫若隶定为"犳"，谓从豸牙声，当是"猳"字之异。按此字所从之"丫"释"牙"无证，其非"猳"字甚明。

第218片　《合》12·37395

丁卯□□□虫□

虫壬王其射，亡巛？毕？弘吉。

第219片　《甲》3939（《合》12·37398）

〖王田〗于🔶（董释"惊"）彔，获白兕，叙于□在二月，隹王十祀，肜日，王来正盂方白（伯）□

此为兕头骨刻辞，为第三次科学发掘所得（出土号为3·6·0066）。当时误释"兕"为"麟"，董作宾《"获白麟"解》（《安阳发掘报告》第二期，见《董作宾全集》第二册）一文遂谓此为白麟之头骨。后唐兰作《获白兕考》（《史学年报》第四期），始确认为"兕"（即"罞"）字。商师《殷契佚存·序》于此骨文字又多有辨证。董氏作《殷历谱》时（下编2·28）著录此骨，文辞依商师锡永说修正，并于"盂方"下补释一"白"字，改定此辞为帝辛十祀二月所刻。"彔"，即"麓"。"🔶彔"即🔶之山麓。

第220片　《合》12·37400

壬子卜，贞□王占曰：吉。

乙卯卜，贞王田䎽，往来亡巛？

〖戊〗午卜，贞：王田羌，〖往〗来亡巛？〖王〗占曰：吉。兹御。获鹿十五。

"羌"作"🔶"，为第五期卜辞之特殊写法。

第221片　《合》12·37403（《通纂》667）

戊申王卜，贞：田𦥑，往来亡巛？王占曰：吉。

壬子王卜，贞：田樊，往来亡巛？王占曰：吉。获鹿十。

第222片　《合》12·37408

壬辰王卜，贞：田玟，往来亡巛？王占曰：吉。在十月。兹御，获鹿六。

乙未王卜，贞：田䎽，往来亡巛？王占曰：吉。兹御，获鹿四，麂一。
　　戊戌王卜，贞：田羌，往来亡灾？王占曰：吉。兹御，获鹿四。
　　□□〔王〕卜，贞：〔田〕□，往来〔亡灾？王〕占曰：吉。〔兹御，获〕麂□。

　　第223片　《合》12·37419（《通纂》675）
　　□□〔王卜〕，贞：田㠱，〔往来亡灾〕，王占曰：〔吉。兹御〕，获狐三，鹿二。

　　第224片　《合》12·37426
　　戊申王卜，贞：田䜌，往来〔亡灾〕？王占曰：吉。在九月。兹御，获鹿二，麂三。
　　辛亥王卜，贞：田䜌，往来亡灾？王占曰：吉。
　　□往来□王占□御□七。

　　第225片　《合》12·37429
　　乙丑卜，贞：王迭于召，往来亡灾？在九月。兹御，获鹿一。
　　□王□田往□

　　第226片　《合》12·37434（《新缀》344，《殷历谱》下9·57）
　　丙辰王卜，在□今日步于〔羌〕？
　　戊午王卜，在羌贞：田旧，往来亡灾？兹御，获鹿、狐。
　　己未王卜，在羌贞：今日步于𦤙，亡灾？
　　庚申王卜，在𦤙贞：今日步于勪，亡灾？
　　□王卜□贞□淮□步。

据此片可知从羌（字作"𦥑"）到𦤙约有一日路程：己未在羌，卜步于𦤙；庚申在𦤙，卜步于勪。

　　第227片　《合》12·37460（《通纂》624，《新缀》383）
　　戊戌卜，贞：王迭于召，往来亡〔灾〕？兹御，获麂一。

壬寅卜，贞：王迍于召，往来亡⑪？
辛亥卜，贞：王迍于召，往来亡⑪？
壬子卜，贞：王田于斿，往来亡⑪？兹御，获麂十一。（此辞末之"一"亦有可能是序数字。）

第 228 片　《合》12·37462
戊申□往来□吉。兹御□
辛亥王卜，贞：田梌，往来亡⑪？王占曰：吉。
壬子王卜，贞：田𠂤，往来亡⑪？（"往"字未刻全。）
戊午王卜，贞：田盂，往来亡⑪？王占曰：大吉。获狐五。
〖辛〗酉王卜，贞：□往来□占□

以上刻于正面。

麋二。

此二字刻于反面。

第 229 片　《合》12·37471（《佚》547）
□□卜，贞：王田于鸡，往来亡⑪？〖王占曰〗：弘吉。兹御，获狐八十又六。

卜辞"田于鸡"或"田鸡"之辞屡见，所获以狐（亦即"犾"）为多，此云八十又六，数量仅次于《丙》284，即本书第一版。

第 230 片　《合》12·37472
壬申王〖卜〗，贞：田曹，〖往〗来亡⑪？〖王〗占曰：吉。
戊寅王卜，贞：田鸡，往来亡⑪？王占曰：吉。兹御，获狐二十。
辛巳王卜，贞：田𡨄，往来亡⑪？王占曰：吉。
壬午王卜，贞：田曹，往来亡⑪？王占曰：吉。
□⑪□吉。

第 231 片 《合》12·37473
戊戌王卜，贞：田朱，往来亡𡿧？王占曰：大吉。在四月。兹御。获狐十又三。
☐来☐吉。

第 232 片《合》12·37475
庚子王卜，在凌𠭯贞：今日步于㭰，亡𡿧？在正月，获狐十又一。
辛丑王卜，在㭰𠭯贞：今日步于昊，亡𡿧？

此片可证从凌到㭰约有一日路程，相距不远。

第 233 片 《续》3·24·2（《合》12·37513）
壬午卜，贞：王田梌，往来亡𡿧？获隹百四十八，𡧃二。
☒贞：王田𣐈☒亡𡿧？在十月又二。

第 234 片 《合》13·41802
☐☐王卜，贞田☐，往来亡𡿧？〔王占〕曰：吉。兹御，〔获〕隹百廿二，☐六。
☐☐王卜，贞：田梌，往〔来亡〕𡿧？王占曰：吉。兹御，获隹二百十二，𡧃一，雉二。
☐☐王卜，贞：田𣐈，〔往来〕亡𡿧？王占〔曰：吉。在〕十月又二。

卜辞"隹"多假为"唯"（惟、维），做语气词用，金文亦然。以上两例言获隹百四十八，获隹百二十二，获隹二百十二，用其本义（《说文》"鸟之短尾总名也"），为罕见之例。

第 235 片 《合》12·37514（《通纂》730，《新缀》380）
戊午卜，在潢贞：王其㞢大兕，叀犐眔䮻，亡𡿧？单？
叀稠眔骜子，亡𡿧？
叀左马眔鸟，亡𡿧？

蚩䮕眔小騽，亡巛？
蚩䮫眔騽，亡巛？
蚩并䮰，亡巛？

郭沫若曰："此六段卜辞乃同时所卜，其次由下而上，即戊午之日将塱大兕，卜用何种马匹也。马皆以两两相并，犼（炈）与騽，稠与䮰，左马与焉，䮕与小騽，䮫与騽，最后曰'并䮰'。'并䮰'者谓用两䮰马也。此足证殷末王者之车所驾者仅二马，即所谓骈（《说文》：'骈，驾二马也。'）。骖驷之制盖后起者矣。"（《通纂考释》第155页）本版诸马种之名，见于字书者仅"騽""稠"二字。"騽"，罗振玉谓即《说文》训"马豪骭也"之騽。"稠"，罗氏云："从马利声，殆是许书之骊字，《广韵》驾同䮰。"其说至确。

第236片 《合》12·37646
戊辰卜，在辜贞：王田浣，不遘大雨？兹御，在九月。

第237片 《合》12·37647
乙丑☐贞：今☐不雨☐御。
其雨？
戊辰卜，贞：今日王田辜，不遘雨？
其遘雨？
壬申卜，贞：今日不雨？

第238片 《合》12·37714
壬戌☐☐☐兹御☐
其遘雨？
戊辰卜，贞：今日王田曹，湄日不遘雨？
☐雨。

第239片 《合》12·37742
其雨？
戊申卜，贞：今日王田羌，不遘雨？兹御。

☐遘☐

第240片　《甲》3941（《合》12·37743）
己亥王田于羌☐在九月，隹王十〖祀〗☐

此为鹿头上的记事刻辞。

第241片　《合》12·37811
己未☐王田☐
乙酉卜，〖贞〗：王省，往来亡巛？

第242片　《合》12·36501
乙巳卜，在□〖贞〗：王田〖商〗，亡〖巛？获〗兕二十又□，〖王〗来正（征）人〖方〗。
丙午卜，在商贞：今日步于乐，亡巛？
己酉卜，在乐贞：今日王步于丧，亡巛？
〖庚〗戌卜，在丧贞：今日步于香，〖亡〗巛？

此当为征人方途中所卜，行军打猎，练兵习武，两全其美。丙午在商，己酉在乐，庚戌在丧，商、乐、丧之间的距离据此亦可约略推定。

第243片　《合》13·41819（《金》543）
壬戌王卜，贞：田曹，往来亡巛？王占曰：吉。在七月，兹御。
乙丑王卜，贞：田曹，往来亡巛？王占曰：吉。
戊辰王卜，贞：田曹，往来亡巛？王占曰：吉。
辛未王卜，贞：田丧，往来亡巛？王占曰：吉。
壬申王卜，贞：田曹，往来亡巛？王占曰：吉。兹御。
丁丑王卜，贞：田丧，往来亡巛？王占曰：吉。
戊寅王卜，贞：田曹，往来亡巛？王占曰：吉。兹御。

第244片　《佚》518
壬午王田于麦录（麓），获商（赏）戠兕。王易（锡）宰丰寏，小稻兄。在五月。隹王六祀，彡（肜）日。

此为兽肋骨记事刻辞。正面镂刻花纹，镶嵌绿松石，甚精致。"麦"字从禾，与从来之"麦"同义。"麦录"即麦山之麓。

第 245 片　《怀特》1915
辛酉王田于鸡录，获大廌虎。在十月。隹王三祀，劦日。

此为虎骨刻辞。此骨经鉴定为虎之右上膊骨，雕刻有美丽图案，且镶绿松石。原件现藏加拿大多伦多安大略博物馆。"鸡录"即鸡山之麓。今河南南部有鸡公山，多兽类，为避暑胜地，或即甲骨文所谓之鸡麓欤。（参见怀特《古代中国骨之文化》，多伦多大学出版社 1945 年版，第 28 页。）

以上第 213 片至第 245 片，共 33 片，为第五期即帝乙帝辛时物。中有记事刻辞数事，为此期特有之物。各辞均不记贞人名，而王自贞之辞屡见。"王占曰：吉""兹御（卸）"之语恒见。辞末多记猎获兽名及数量，与武丁卜辞相仿。卜辞字体均纤细秀丽，一望即知为此期之物。记事之辞则文字圆润敦厚，风格与同期金文相类，几无刀笔味。

各期贞人所卜田猎卜辞辑录

目　次

一、㱿
二、宾
三、争
四、亘
五、𠂤
六、韦
七、㕚（㕚）
八、永
九、扶（𠃊）
十、自
十一、勺（𠃌）
十二、取
十三、㣇（衒）
十四、我
十五、余
十六、子
十七、蠢
十八、敔
十九、丕
二十、冉
二十一、中
二十二、㛸
二十三、大
二十四、出
二十五、㤰
二十六、彭
二十七、旅
二十八、即
二十九、尹
三十、行
三十一、尤（何）
三十二、口
三十三、狄
三十四、瑟
三十五、中录
三十六、车
三十七、更
三十八、呴

附　补遗·史
　　各期贞卜事类表·（十二）卜佃渔

一、𣪩

　　□寅卜，𣪩贞：今日我其兽盂？（《续》5·33·4，《合》4·10965）

　　□□〔卜〕，𣪩贞：今日我其兽，出□兽，获，单鹿五十又六。贞：今日我其兽盂，□获䍘（或作"咒"，饶宗颐释"狸"）十一，鹿□。（《缀》227，《前》4·8·1、4·47·6，按此即《新缀》673，《合》4·10308）

　　戊午卜，𣪩贞：我兽敏，单？之日兽。允单，获虎一，鹿四十，狐百六十四，麑百五十九，𨾴（董释"蔺"，饶释"雚"）赤出双。二赤小□四□（饶释为"雚赤出双二，赤八十"）。（《乙》2908，亦即《丙》284，《合》4·10198）

　　饶宗颐曰：按"敏"，地名，即"龟"。《左传·桓公十二年》："舍宋公于龟。"杜注："龟，宋地。""雚"字，从萑从井。"井"，陷阱也。"蒦"，古玺古陶皆从草，与此同。雚殆蒦字，《广雅》："蒦，持也。"林义光谓即"获"之古文。此作"雚"，与"获"同文异写。"赤"者，狐也。《诗·北风》："莫赤匪狐，莫黑匪乌。"此为代语，疑以"赤"指"狐"。炜湛按此辞明言获狐百六十四，不宜另以"赤"代狐，"赤"义待考。

　　丙戌卜，𣪩贞：翌丁亥我兽甼（宁）？贞：翌丁亥勿兽甼？（《丙》100，《合》4·11006，同版见卜人争。饶据《乙》6776残甲所作释文有误，今正。）

　　饶氏曰：按《左》定元年"还卒于宁"。杜注：今修武县。《韩诗外传》：武王伐纣，勤兵于宁，更名"宁"曰修武。即此。

　　□申卜，𣪩〔贞〕：王其兽？（《明》269，《合》4·10590）
　　□申卜，𣪩贞：其兽？（《珠》106，《合》4·10592）
　　甲申卜，𣪩贞：王涉兽？（《前》4·1·1）
　　辛亥卜，𣪩贞：王勿往出兽？（《七集·天津》14）

□□卜，殻□勿兽？（《续》1·29·5）

〚癸〛亥卜，殻贞：旬亡囚？王占〚曰：㞢祟。五日〛丁卯，王兽炊（敝，饶谓即敝麓），赽车马，〚赽〛陒在车，皁马亦□，〚皁亦㞢它〛。（《新缀》327，《缀》117）

饶氏曰：按"敝麓"者，《郑语》："史伯对郑桓公言：若克（虢郐）二邑，鄢、蔽、补、丹，君之土也。""敝"即"蔽"矣，地当在豫西。

癸巳卜，殻贞：旬〚亡囚？王固曰：㞢〛祟！若偁（饶释"扔"），甲午□马硪噩王〚车〛□ 癸未卜，殻贞：乃兹㞢祟。（严一萍藏骨，《宁沪》2·24，《掇》454，《续存》上972，《外》462俱重）

癸巳卜，殻贞：旬亡囚？王占曰：乃兹亦㞢祟。若偁，甲午，王往逐兕，小臣古（或释"叶"）车马，硪噩王车，子央亦队（坠，或释"陀"）。（《菁华》3）

按"队"，或释"陀"，唐兰读为《说文》"𠃞"，古文"𠂆"之反写，象人自颠下坠。"𠃞"读与"颠"同。《离骚》"厥首用夫颠陨"。

壬申卜，殻贞：王勿延（延）南兽？（《铁》88·3，《六录》清晖25，《外》294）

饶氏曰：按《易·明夷》九三"于南兽"，语同。

丙辰卜，殻：王其逐麑，获？（《乙》3334，对贞辞缺）
庚申卜，殻贞：乎逐麑？（《乙》7492，按即《丙》394）
□午卜，殻贞：逐麑于万，幸？（《续》3·44·1，《合》4·10946）
壬戌卜，殻贞：乎多犬网麑于农？八月。
壬戌卜，殻贞：取豕乎网麑于农？（《乙》5329，《合》4·10976）

饶氏曰：按"多犬"官名，即犬人，《周礼》秋官之属，掌犬牲。他辞云："戊辰卜，在淒，犬中告麋。王其射，亡戈圣。""犬中"之"犬"亦官名。杨遇夫谓：殷代犬人职，与地官之迹人相当。郑注："迹人言迹知禽兽处。"《说文》："禽走，臭而知其迹者，犬也。"右辞呼"多犬网鹿"。可申杨说。"取""豕"皆人名。"八月"二字饶氏缺释。

丙申卜，㱿贞：我其逐麋，获？（《乙》6728，《丙》291）
壬申卜，㱿贞：虫（罗释"圃"，叶玉森谓假借作"专"）圣麋？丙子㞢（阱），允圣二百虫九。一□。（《前》4·4·2，《合》4·10349，饶氏误引为《前》4·4·1）

按"二百"合文作"䰣"，饶氏释为"一百"。

辛未卜，㱿贞：我获婴（借为"麋"）？十月。（《铁》197·3，《新编》391）
癸未卜，㱿贞：多子获集？（《乙》3764）
□亥卜，㱿贞：其逐咒，获？（《珠》920）
癸丑卜，㱿〔贞〕：㕻（张秉权释"蝠"，饶释"眔"）其获？（《殷缀》283，《丙》259、621重）
己丑卜，㱿贞：即氏刍，其五百隹六？贞：〔即〕氏刍，不其五百隹六？（《乙》6896，《丙》398）

饶缺释"即"字。按"即"是否即第二期贞人，未能遽定，也可能并非一人，而"同是即族的首领的名字，二者名同而人异"（张秉权《丙释》第467～468页）。本辞之"刍"当非指刍草，而系"刍豢"之"刍"。《孟子·告子》："犹刍豢之悦我口。"赵歧注："草生曰刍，谷养曰豢。"《孟子正义》："〈说文〉云：牛马曰刍，犬豕曰豢，是其解也。"（今《说文》无此语）《礼记·月令》"共寝庙之刍豢"，亦指牛羊而言。《国语·楚语》"刍豢几何"，韦昭注："草食曰刍，谷食曰豢。"可见"刍"似即指以草为食之牲畜，如马牛羊之类也（《丙释》第468页）。

甲午〔卜〕，㱿贞：射□（《铁》180·4，《合》4·10697，拓

本清晰）

　　□寅卜，㱿〔贞〕：王射□（《京津》1430，《合》4·10696，拓本清晰，且有背拓）

　　乙未卜，㱿贞：⺊射□（《龟》2·21·10）

　　辛卯卜，㱿贞：王往征鱼（渔），若？

　　辛卯卜，㱿贞：王勿征鱼，不若？（《乙》6751）

炜湛按：以上诸辞饶宗颐已辑入《殷代贞卜人物通考》（简称《殷考》）卷三，所引饶氏之说亦见于该书。该书出版于1959年（香港大学出版社），因所据材料或有残碎，未经缀合，饶氏释文不免有欠妥处。兹据《殷虚文字丙编》《甲骨缀合新编》《甲骨文合集》等书予以校正。

　　己卯卜，㱿贞：我其阱㪅？一
　　己卯卜，㱿贞：弗其㪅？一（《乙》2235，《合》4·10655）
　　贞：我其阱㪅？五
　　己卯卜，㱿贞：弗其㪅？五（《丙》80，《合》4·10656）

炜湛按：《乙》2235、《丙》80为一成套腹甲中的两版，分别为第一、第五版。摹本见本书《选粹》第66、67片。

　　甲申卜，㱿贞：王涉兽？（《合》4·10603，《前》4·1·1）
　　丙寅卜，㱿贞：王往省牛于□□？一
　　贞：王勿往省牛？三月。（《合》4·11170）
　　丙寅卜，㱿贞：王往省牛于臺？三
　　贞：王勿往省牛？三月。三（《合》4·11171）
　　□㱿贞：乎龙田于□（《合》4·10558）
　　己丑卜，㱿：在㠭虎获？（《合》4·10977）

"在㠭虎获"犹言"获在㠭虎"，语序有变也。

二、宾

壬戌卜，宾〔贞〕：翌癸亥王兽，毕？（《铁》34·1，《新编》375。《续存》上729 重，饶氏释文夺"翌癸亥"三字而以为辞尚不完。）

壬戌卜，宾贞：雀毕麋（饶释"鹿"）？（《铁》194·4）

壬午卜，宾贞：获虎？（《续》4·7·2，《合》4·10199）

戊午卜，宾贞：王获？（《乙》279，《合》4·10837）

☐未卜，宾贞；☐宙☐兽☐（《文录》538）

☐☐卜，宾贞：周毕犬（饶释"豕"），征瀍（湄）？（《乙》7461，《丙》289）

戊子卜，宾贞：王逐集于沚，亡巛？之日王往逐集于沚，允亡巛，获集八。（《续存》下166，《合》4·9572）

癸未卜，宾贞：翌戊子，王往逐兕？（《佚》389，《邺》初下36·1）

贞：王其逐𤉢，获？弗亞（饶释"𢀖"）𤉢？获豕二。弗其获𤉢？（此辞饶缺释）

贞：其逐𤉢获？弗亞𤉢。（《殷缀》205，《丙》120，同版有宾获羌之辞。）

按张秉权曰："𤉢"，从丙从止，与"正"字的或体"𤉢"从内从止者有同。"亞"字在此有获或捕杀之义，疑即"迟"之或体"踁"字，通为"阮"（俗作"坑"）。《史记·项羽本纪》："于是楚军夜袭，阮秦卒二十余万人。"阮有陷杀之义。卜辞言："弗亞𤉢，获豕二。"是说"没有捉到（用阱陷捕）𤉢，仅捕获了二头豕"，这是记事之辞。他辞有曰：

贞：戊弗其亞麋？（《铁》132·3）

贞：勿亞豕？（《契》234）

"亞"字的意思亦与此相同。（《丙释》第180页）

丙午卜，宾贞：王往出田，若？（《殷缀》220，《丙》126）

壬午卜，宾贞：勿乎田于穑？（《铁》215·1）
辛巳卜，宾贞：☑于穑？（《前》7·37·2）
癸未卜，宾贞：王往田？（《乙》8425）
□□卜，宾贞：我田其☑（《南北·无想》255）

饶氏曰：按"田"即"畋"。《左传》畋猎字多作"田"。《左传·宣公二年》："田于首山。"《文选》朱浮与彭宠书注引"田"作"畋"。《左传·昭公二十年》："齐侯至自田。"《释文》"田"本又作"佃"。《易》"以佃以鱼"，《释文》亦将"佃"作"田"。"田、佃"与"畋"并通。《广韵》"畋，取禽兽也"，辞云"王往出田"，即"出畋"也。

翌癸卯其焚，牟？癸卯允焚，获兕十一，豕十五，虎□，麂（饶释"狸"）二十。翌癸卯勿焚？
贞：于甲辰焚？勿于甲？
于甲辰焚？〖勿〗于〖甲〗焚？（《丙》102，《合》4·10408，同版有贞人宾，饶氏录《殷缀》194，多有缺释。）

按关于焚田之事，胡厚宣先后撰有《殷代焚田说》（《甲骨学商史论丛初集》）、《殷代农作施肥说》（《历史研究》1955年第1期）二文详考。"焚"者烧草毁林而猎也，古籍记载颇多，略举数事如次：《说文》："焚，烧田也。"《说文句读》："谓烧宿草以田猎也。"《管子·揆度篇》："烧山林，破增薮，焚沛泽，逐禽兽，实以益人。"《孟子·滕文公上》："益烈山泽而焚之。"《韩非子·难一》："焚林而田，偷取多兽。"《吕氏春秋·孝行览·义赏》："焚薮而田，岂不获得，而明年无兽。"《淮南子·本经训》："焚林而田"，又"焚林而猎"。《尔雅·释天》："火田为狩。"郭注："放火烧草猎亦为狩。"而最为有趣者又莫如《韩非子·内储说上》所记："鲁人烧积泽，天北风，火南倚。恐烧国，哀公惧，自将众趣救火者。左右无人，尽逐兽而火不救。"

庚辰卜，宾贞：朕刍于斗？
贞：朕刍于丘纫？
贞：朕刍于斗？

贞：朕刍于丘幼？（《丙》128，饶氏录《乙》7119 二辞，较此少二辞。"幼"作"㣇"，《丙释》隶作"剢"。）
　　庚辰卜，宾贞：乎取㣇刍于□？
　　庚午卜，宾贞：田叀冕？
　　贞：田弗其叀冕？
　　贞：田冕？弗其叀？（《乙》5347）

饶氏曰："取"与"㣇"皆人名；"冕"，地名。《左传·昭公五年》之"传"中有"菟氏"，殆即此。《水经注》："野菟水上承西南菟氏亭北野兔陂，郑伯劳屈生于菟氏者也。"《寰宇记》："菟氏城在开封府尉氏西北四十里。"

　　乙未卜，宾贞：氏武刍？氏武刍？
　　贞：弗其氏武刍？（《丙》502，饶氏录《殷缀》165，即《丙》106，无最后一辞。）

饶氏曰：按"武"疑即武城。《左传》昭公二十三年、襄公十九年中并有"武城""鲁地"，僖公六年亦有"武城"，春秋申地，后属楚，在南阳宛县北。殷人畋猎之武城，未详所在。

　　庚午卜，宾贞：八叚刍奠□（《前》7·29·4）

"奠"即"郑"，言刍于郑地，"叚"为叚伯，见《前》1·26·5 及《龟》2·11·6。"八"，人名，《福》31 骨曰有帚（妇）八。

　　□□卜，宾〔贞〕：□往刍，□□得？（《龟》1·28·11）
　　□□卜，宾贞：□获□令□射？（《前》5·42·6）
　　□寅卜，宾贞：翌丁卯鱼，卿（飨）多□？
　　贞：不其鱼？（《前》4·22·2）

以上诸辞已辑入《殷考》卷五。

贞：翌己卯王令兽？（《合》4·10594）

同版有辞云："戊寅卜，宾贞：御于父乙？"可证此辞当为"宾"所贞，唯省却干支及贞人名而已。

丁亥卜，宾贞：王往涉兽？（《合》4·10602）
王自往从兽？九月。（《佚》115，《合》4·10611，同版有贞人宾贞酒大甲告于祖乙之辞。）
贞：翌辛巳王勿往逐兕，弗其获？（《合》13·40126，同版有贞人宾。）
贞：乎逐在薔鹿，获？
贞：弗其获？（《合》4·10935，同版有贞人宾。）
丙申〚卜〛，□贞：阱〚在〛南麋？
□□卜，宾贞：阱在✶□？（《合》4·10912）
己亥卜，宾：王获兕？王弗其获〚兕〛？（《合》4·10412）
戊申卜，宾：王获兕？允□（《合》4·10413）
癸未卜，宾贞：王兽？（《合》4·10580）
〚戊〛戌卜，宾〚贞〛：翌己亥〚王〛兽□，单？（《合》4·10600）
壬寅卜，宾贞：亦楚东单出豕？之日王往□（《合》4·10906）

三、争

癸未卜，争贞：王在兹棽，咸兽？（《天》81）

"棽"为畋猎地名。饶氏曰：字从二耒二犬，耒与来声义俱通。《释名》："耒，来也。"故地名之"棽"，应是"狋"字，借为"憖"。《左传·昭公十一年》"会于厥憖"，即此。疑本名"狋"，加语词则曰"厥憖"，如宋地有厥貉，亦加厥字，是其比。

□未卜，争贞：〚王〛往兽？（《铁》217·2，《合》4·10598，《掇》508，《续存》上730）
贞：王勿兽于父？

贞：王兽于乂？
贞：王兽于乂？
〖贞：王〗勿兽〖于〗乂？（《缀》226，《新缀》672，背云："甲申卜，争。"）

饶氏曰：按"乂"与"艾"通。《周颂》："奄观铚艾。""艾"者，"乂"之假借。《说文》："乂，芟草也。"《佚周书·世俘解》有"霍侯艾侯"。《春秋》隐六年："公会齐侯盟于艾。"杜注："泰山牟县东南有艾山。"乃今山西临沂县西。

辛卯卜，争贞：我兽，下乙弗若？（《簠·游》124，《续》1·46·3，《合》4·10608）
丙申卜，争贞：王其逐麋，冓？
丙申卜，争贞：王步？（《丙》88，《合》4·10345，饶录《殷缀》247仅逐麋一辞。）

按此版逐与步对贞，至为重要。张秉权据此而认为"卜辞中的逐是步逐，步是逐兽"（《丙释》第120页），非是。详见本书《甲骨文各期田猎刻辞概述》。

辛卯卜，争贞：豕获？（《乙》7674）
壬辰卜，争贞：其麂获？九月。壬辰卜，争贞：其麂弗其获？（《乙》6696，同版有贞人宾。）
丁巳卜，争贞：乎取尤（何）刍？（《乙》3174）
乙未卜，争贞：□曰屮射王固□（《库》1802，饶氏释文如此，此辞疑当释为"乙未卜，争贞：□射？王固曰：屮□□冉若兹……"）
癸酉卜，争贞：令多射〖衔〗□
庚寅卜，争贞：令登众龛工衔，屮牟？（《甲》1167，参见《甲释》附图068，《新缀》12，饶氏所引《缀》340，将此与《甲》2029相缀，其误已经《中国书谱》校正。）

以上诸辞已辑入《殷考》卷六，此外，饶氏复辑《殷缀》264（即《丙》83）对贞二辞，曰："癸卯卜，争贞：王令三百射，弗告于示。王囧，隹之（兹）。贞：王囧，不隹之。弗告，三百射……"（释文，标点均依饶氏。"于"字适残，张秉权释"十"，孰是孰非，难以断言。）按此辞所云"三百射"如为三百名射官，则所卜所告未必是田猎事，似不宜录入此类卜辞中。

戊子卜，争贞：勿涉兽？九月，在敆。（《合》4·10993，《安明》502）

辛未卜，争贞：王不其获乇射兕？（《合》4·10419）

戊辰卜，争贞：阜䍤（罗）？（《合》4·10811）

乙卯卜，争贞：王于丁巳兽，获？（《合》4·10589）

癸酉卜，争〔贞〕：王其兽，不〔获〕？（《合》4·10591）

□□卜，争〔贞：王〕其兽，其☒（《合》4·10593）

丙午卜，争贞：阜□正☒

贞：弗其阜？（《合》4·10789）

四、亘

己未卜，亘贞：逐豕（饶释"豖"），获？（《合》4·10228，即《粹》1480，《前》3·33·3，《京津》1460 未拓全，又见《缀》229，有骨臼刻辞。）

辛未卜，亘贞：往（饶误释"王"）逐豕，获？之日王往逐在盉（蜀）豕，允获九。（《合》4·10229，《甲》3339～3340）

炜湛按：此为左肩胛骨之顶部，正、反、骨臼俱全。本辞卜逐豕事，前辞、命辞契于正面，同版有贞人韦（卜雨）一辞，背面则契逐豕之验辞，记逐豕之地（蜀）及所获之数（九）。骨臼有史官岳之签名。饶氏漏录验辞部分，殆偶失察。关于此版卜辞，董作宾著有《殷墟出土一块"武丁逐豕"骨版的研究》一文，考释甚详（《平庐文存》卷三）。

□□卜，亘贞：逐兕（饶误为"豕"），获？〔王〕占曰：其获（饶误释"隹"）。己酉，王逐，允获二（饶缺释"二"字）。（《合》

4·10398，《前》7·34·1）

　　□□卜，亘贞☒其获？（《明》1764）

按饶氏释文如此。"获"，明氏摹作"㐁"，当为"隹"字，此乃残碎之片，辞意似未完。姑存疑俟后证。

　　辛巳〖卜〗，亘贞：网☒（《铁》224·4）
　　□□卜，亘贞：王往罶☒（《龟》1·6·8，《珠》1114，《合》4·10730）
　　庚子卜，亘贞：乎取工刍氏。（《金》567）

以上诸辞已辑入《殷考》卷七。

　　乙丑卜，亘贞：往逐豕，获？往逐替豕，允获☒。（《合》4·10227，同版有贞人宾。）
　　甲午卜，亘贞：𡧇，不其☒（《合》4·10707）

五、㞢

　　丙申卜，㞢贞：乎见湔（饶释"前"）𠦪刍，弗其𪇹（罗）？
　　丙申卜，㞢贞：乎见湔𠦪刍𪇹？（《殷缀》220，《丙》126）

按"𠦪"字不识，张秉权谓"此与见湔同为地名"。饶氏谓此字从乂从弗，疑"拂"之异构。《尔雅·释诂》："弗，治也。"《诗》"茀厥丰草"，毛传："茀，治也。"又通"拂"。《释文》："茀，韩诗作拂。"拂，弗也。故"𠦪刍"即"拂刍"也。此辞卜乎见与前治之刍事。饶氏又谓"𪇹"即"禽"字，"𪇹"与"毕"一字，如"弗其𪇹"亦作"弗其毕"。按"𪇹"字以"毕网隹"会意，显与"毕"（即禽）有别，当以释"罗"为是，至其具体词义，则多与"毕"通。

　　甲午卜，㞢贞：在汅戈刍，乎☒（《前》2·6·5）

饶氏曰："戈"字见《佩觿》，云地名，音同"哥"。彼"殆"与

"𢓊"同为沚地之君长。

〔乙巳卜，㱿〕贞：弓㞢勿于𦎫（蠱）？

乙巳卜，㱿贞：弓㞢于𦎫（蠱）？（《丙》413，《殷缀》166仅以《乙》2266及1945遥接。）

饶氏曰：按"弓"，人名。他辞云："乙丑子卜贞：弓归。"（《龟》2·26·4）"弓"即子弓。饶氏又谓此版背云"王固曰：勿"，固辞仅云"勿"，即"勿㞢"之略语。按检视《殷缀》166，"王固曰：勿"云云似难成立。今得《丙》414（413反），乃知与弓㞢有关之固辞为："王固曰：弗其及凵。"至于此固辞上方之"勿隹"则另与"宁隹"相对，实与本辞无关也。

以上各辞已辑入《殷考》卷八。

己卯卜，㱿贞：米辛，往㞢自宁？王固曰：其隹丙戌辛，㞢尾；其隹辛家。

乙卯卜，㱿贞：㞢自宁，米弗其辛？（《乙》4293，甲尾对贞）

壬寅卜，㱿贞：王往田，亡巛？夒？（《合》4·10529）

癸酉卜，㱿贞：乎伇取橪于牧䛬？（《合》4·11003，《续》5·7·9）

乙酉卜，㱿贞：乎田囗（《合》4·10561）

六、韦

乙卯卜，韦贞：乎田于艹？（《簠·游》102，《合》4·10961）

壬申卜，韦贞：允获囗（《京津》1547）

以上二辞已辑入《殷考》卷八。

七、㕞（呂）

辛卯卜，㕞贞：乎多羌逐𠃌，获？（《续》4·29·2，《簠·人》59，同版有贞人㱿于己丑卜妇好娩之辞，辞末署明"一月"，可知此逐𠃌亦一月间事。）

□□卜，召贞：王兽唐，若？（《续》4·35·4，《合》4·10998反）

辛酉卜，召贞：于天先霤？一月。

贞：于㺇先霤？一月。（《前》1·48·3）

"霤"，他辞亦作"䨣"。饶氏谓"霤"于此为动词，当释"粱"。米糜同音，《说文》："粱，周行也。《诗》曰粱入其阻。"郑笺以为"粱"字，冒也。先为人名。辞云"先霤"者，乃先粱入其地也。饶氏又曰："㺇"与"𤣻"殆为一字，"㺇"形与古文"肆"略同，乃"肆"字，古通"遂"（《尧典》"肆类于上帝"，《五帝本纪》作"遂类"）。《春秋》庄公十三年"齐人灭遂"，地在山东，则㺇乃古遂国乎？

以上三辞已辑录于《殷考》卷八。

八、永

□□卜，永贞：我□氏，获其八百？（《佚》512，据商释）

丙午卜，永贞：射𪊽获？（《菁华》7）

丙午卜，永贞：乎省田？（《前》5·26·1，同版有贞人我。）

以上三辞辑入《殷考》卷九。

九、扶（𢀌）

丁酉卜，扶：卫田？（《续》5·14·5，《簠·人》82）

此辞辑入《殷考》卷十。

十、自

辛巳卜，自贞：迪往𢦚犬□鹿□不其𣎴？（《铁》193·1，《京津》2998，同版有"二告"兆侧刻辞。）

此辞辑入《殷考》卷十，"𣎴"字残，饶氏缺释。

十一、勺（𠃑）

□□卜，勺：隹□王其□射？（《前》4·42·4）

此辞辑入《殷考》卷十。

十二、取

□取贞：勿乎逐，不□？□其获？（《乙》7600）

炜湛按：此为左尾甲，贞人名"取"。字亦不完整，其对贞之辞仅残存"其获"二字。此辞辑入《殷考》卷十。

十三、彳（衙）

□午卜，彳：令弜𤉲？弜兽？（《粹》1566）
庚辰，彳卜：㠯𠙵入？（《续存》下585）

此二辞辑入《殷考》卷十。

十四、我

甲子卜，我贞：乎㝅（𦌾）获艮？㝅艮获？
丙寅卜，我贞：乎艮取射子？
己巳卜，我贞：事𢻭宁？
己巳卜，我贞：射取子？射？
庚午卜，我贞：乎㝅获？不获？
庚午卜：我贞：乎㝅获？不获？
庚午卜，我：㝅获？（《殷缀》281，《丙》611，释文据张秉权氏考释。）

按此版由5片碎甲缀合而成（《乙》4758、4814、4949、5236、5237），笔画纤细，不易辨认，释读尤难。张氏考释据干支关系排列卜辞67条。贞人除"我"外，尚有"余""㪔"同版，卜"入商""又事"及祭祀等，若干卜辞辞意亦不能明。"我"卜之辞屡言㝅（𦌾）、射，似与田狩有关,姑具录之。

丙子卜,我贞:我刂不获?(《前》8·14·4)

饶氏曰:按"刂"亦卜人名。(见《平津·元嘉》145,《乙》7574)以上诸辞辑入《殷考》卷十。

十五、余

辛未,余卜:乎尸从射汝,若?(《菁华》11·19,饶书误作《菁华》1119)

丁丑,余卜:刍尸弓☐(《前》8·8·3)

乙未卜,余:勹汝矢?(《乙》131,字较大,笔画细小。)

此三辞辑入《殷考》卷十。

十六、子

☐寅,子☐雈刍?(《前》8·3·2)

☐戌,子卜贞:东克刜刍?(《前》8·5·5)

丙戌,子卜贞:我亡乍口?又?

丙戌,子卜贞:丁不刍我?古刍?

庚申,子卜贞:隹吕豕若省?弗吕?(《丙》612,饶录《殷缀》287)

此系缀合得十分完整的龟腹甲,字体纤细,同版有贞人"刜",共契卜辞17条,除仅一字者外,行款一律下行而左,至为特殊。

丁亥,子卜:丁来☐隹刍我?(《前》8·4·5)

饶氏曰:按丁亥即丙戌之翌日,右数片为同时所卜。

丁丑,子卜:隹田隹?(《菁华》11·17)

"隹",地名,亦见于"我"之卜辞。

癸卯,子卜:☐嘑往逐☐(《后》下43·5)
壬申,子卜:徣眔获?
壬申卜,徣☐㞢。(《珠》421,骨,字较大。)
己丑,子卜贞:小王品田夫?(《库》1259)
丁亥,子卜贞:我品田麓?☐(字不晰,饶释"从",恐不确。)
己丑,子卜贞:子䦿乎出墉?
己丑,子卜贞:余又乎出墉?子它乎出墉?子☐乎☐(《缀》330,《新缀》438)

饶氏曰:"夫"与"麓"俱殷人田游之地。"夫"殆即"邩",他辞云:"夫入二,在𠚲(按字作𩫖似仍宜释"鹿")。"(《乙》2267,即《丙》414)《说文》:"邩,琅邪县。"(《汉书·地理志》。)又曰:丁亥在己丑前二日,此卜田猎于麓地。出墉者,《易·解》上六:"公用射隼于高墉之上,获之,无不利。"《同人》九四:"乘其墉,弗克攻,吉。"墉即城也。

甲戌,子卜,或(严一萍释"我")隹艮省田?(《外》241,《铁》81·2)

以上诸辞辑入《殷考》卷十一。

十七、蚩

甲戌卜,蚩:品㞢?获六十八。甲戌卜,蚩:品不其㞢?十一月。之夕风。(《殷缀》354,《甲》考释附图178,《新缀》148,《合》4·10514)

此辞辑入《殷考》卷十一。

十八、㲋

庚戌卜，㲋：获网雉？获八。（《殷缀》354，《甲》考释附图178，《新缀》148，《合》4·10514）

按此辞饶氏释作"庚戌卜，㲋：获羅获八"，谓"㲋"见于"殻、㞢、我"之卜辞，盖属武丁时。且释"㲋"为"㲋"，谓即"铸"字。屈万里释作："庚戌丁，㲋获？网雉，获八。"谓"㲋"即"㞢"，未识，疑亦狩猎之法。按"㲋"为人名，而未必是贞人之名。兹姑从饶说辑录之，以俟后证。

此辞辑入《殷考》卷十一。

十九、丕

辛丑卜，丕：兽？
辛丑卜，兽丕（饶释"取"）？（《乙》213）
壬子卜，丕：获鹿？获三。鹰（郭沫若释作"鷹"）一，雉五十。（《珠》422，《通纂》别二4·7为影本）

此二辞辑入《殷考》卷十一。

二十、冉

己酉卜，冉：又酯，允□
□丑卜，ㅛㅛ田麓？（《金》622）

此辞辑入《殷考》卷十一。

二十一、中

壬午卜，中贞曰：其兽？九月。（《金》122，同版有贞人大。）

此辞辑入《殷考》卷十二。

二十二、𡘍

乙亥卜，𡘍贞：王其田，亡𑀸？

辛未卜，𡘍贞：王其田于斿？（《库》1033，《美录》60，《新缀》631）

乙酉卜，𡘍贞：王其田于宫，亡𑀸？在五月。

□卯卜，𡘍〖贞〗：王其田，〖亡𑀸〗？（《库》1030，《美录》56）

辛酉卜，𡘍〖贞〗：王其田斿，亡𑀸？（《后》上14·1，《新缀》631）

乙丑卜，𡘍〖贞〗：王其田□，亡𑀸？（《京津》3455，《新缀》631）

以上诸辞辑入《殷考》卷十二。

二十三、大

癸亥卜，大、即（饶氏释"既"）：王其田，单？（《甲》1274）

饶氏曰：按大之卜辞卜田狩者，仅见此一条。屈氏曰："大、即"，皆第二期贞人名；此二人并贞之例也。

本辞辑入《殷考》卷十三。

二十四、出

丁卯卜，出贞：今日鱼□（《续》3·34·2，《簠·游》70）

戊寅卜，出贞：今日鱼〖益〗□（《续》3·35·10）

□卯卜，出贞：今日鱼□？之日□（《铁》115·3）

按"鱼"（鱼）一字，饶氏谓鱼之作"鱼"，其上八形者为饰文。

□寅卜，出贞：翌丁卯，鱼益？之日□（《续》5·19·4）

壬辰卜，出贞：□未鱼？（《库》686）

癸亥卜，出贞：今日鱼益，其□（《珠》589）

□□卜，出贞：□酓☒☒之日允酓。(《铁》223·2，《新编》984，《佚》760，《续存》上1613)
□□卜，出〖贞〗：今日酓☒之日☒益。(《佚》826)
□巳卜，出〖贞〗：今日酓及乐？(《续存》下725)
□□卜，出☒酓☒(《掇》2·21)
戊□〖卜〗，出〖贞〗：□己□□酓☒(《珠》588)

上引诸辞辑入《殷考》卷十三。

乙巳卜，出〖贞〗：王行逐□？
乙巳卜，出贞：逐六兕，毕？(《合》8·24445)
庚午卜，出贞：翌辛未王往田？(《合》8·24496，《续》3·35·9)

二十五、徣

庚戌卜，徣：虫翌日步，射兕于☒？(《甲》3003)

此辞辑入《殷考》卷十三，按饶氏复以《后》上14·1一辞归诸"徣"卜田狩项，与卷十二第796页所引矛盾，显误。

二十六、彭

辛丑卜，彭贞：翌日壬，王☒异其田，湄（弥）日亡巛？(《佚》277)

饶氏曰：按《佚存》301残辞"辛丑……贞王……☒"，与此为同日之卜，疑系一事，"☒"从古文《老子》拔字之"☒"，增目旁，隶定可作"眽"。其繁形有从水者，如"宙澊，亡戋。从，亡戋，毕"(《粹》1561，《京津》4420重)。"☒"当是人名。"异"亦人名，如"癸亥卜，壴贞：异其左于突"(《邺》初下40·6)。"异"又见于"狄"之卜辞云："异其涉兕同。"(《屯南》3916)此卜王与☒、异二人共往田，以他辞"小王☒田夫"(《库》1259)例之，盖在文法上省去连词之"与""眾"者。

庚戌卜，彭贞：亡巛，单？□单三鹿。(《甲》2642)

以上二辞辑入《殷考》卷十二。

二十七、旅

辛酉卜，旅贞：王其田于麦，往来亡巛？在十月。(《通纂》别二4·6,《珠》404)

戊寅卜，旅贞：王其田于降，亡巛？在七〔月〕。

□旅□田于□〔亡〕巛。(《明》396)

乙酉卜，旅贞：王其田于□，往来亡巛？在一月。

□未卜，旅贞：王其田于来，亡巛？在二月。(《金》123,《合》13·40957)

戊申卜，旅贞：王其田，亡巛？□午卜，旅〔贞：王〕其田，亡〔巛〕？(《续存》下668)

□□〔卜〕，旅贞：〔王〕其田，亡〔巛〕？(《明》1553)

□□卜，旅□其田□往〔来亡〕巛？(东京博物馆藏片)

□□卜，旅□田□ (《契》324)

以上各辞辑入《殷考》卷十四。

戊午卜，旅贞：王其于陀（或释"陨"），亡巛？

戊辰卜，旅贞：王其田于陀，亡巛？(《合》8·24457)

二十八、即

乙亥卜，即贞：王其田，亡巛？在□〔月〕。

□□卜，即〔贞：王〕其田，〔亡〕巛？(《南北·坊》2·104,《合》13·41076)

此辞辑入《殷考》卷十五。

二十九、尹

乙亥卜，尹贞：王其田，亡巛？☐自☐商。(《续存》上1618)

庚寅卜，尹贞：其田于☐，亡巛？在☐月。(《后》上15·1)

辛丑〖卜〗，尹贞：其田于隌☐ (《京都》1459)

戊辰卜，尹贞：王其田，亡巛？在正月。在☐卜。(《金》25，《合》13·41075)

丁丑卜，尹贞：王其往于田，亡巛？(《文录》725，《缀》172，《新缀》657)

庚辰卜，尹贞：王其田☐〖往〗来亡〖巛〗？(《诚》336)

辛酉卜，尹贞：王其往☐亡巛？在八月。王田于目。(《七集·卫》46)

☐☐卜，尹〖贞：王〗其田于☐，往来〖亡巛〗？(《库》1363)

☐☐卜，尹〖贞〗：☐☐田，亡巛？(《明》834)

上列诸辞辑入《殷考》卷十五。

三十、行

戊寅卜，行贞：王其往于田，亡巛？在十二月。☐行☐十二月。(《粹》930，《合》8·24492)

戊戌卜，行贞：王其田于☐，亡巛？

☐申卜，行贞：王其田于☐ (《后》上15·2)

丙辰卜，〖行〗贞：王其步于良，亡〖巛〗？

丁巳卜，行贞：王其田，亡巛？在良。☐☐卜，行〖贞：王〗其步☐良于☐。(《前》2·21·3)

庚申卜，行贞：王其往于田，亡巛？

贞：毋往？在正月，在𠂤析。☐☐〖卜〗，行〖贞：王〗其往〖于田〗，亡巛？〖在𠂤〗析。(《文录》735)

乙未卜，行贞：王其田，亡巛？在二月，在庆（☐，饶释"驭"）卜。

丙申卜，行贞：王其田，亡巛？在庆。(《后》上11·2，《合》8·24474)

戊寅〖卜，行〗贞：王其〖田于〗娪（饶释"燥"），□□亡《？

己卯卜，行贞：王其田，亡《？在杞卜。

庚辰卜，行贞：王其步自于□，亡《？□卜，行□（《后》上13·1）

辛亥卜，行贞：今夕亡田？在二月。

壬子卜，行贞：王其田，亡《？在二月。

□卜，行□亡田？

癸丑卜，行贞：今夕亡田？在丰（封）卜。

癸丑卜，行贞：王其步自奠于丰（封），亡《？

甲寅卜，行贞：王其田，亡《？在二月，在自封。

乙卯卜，行贞：今夕亡田？在二月。

乙卯卜，行贞：王其田，亡《？在□（《佚》271 +《甲》2828，《新缀》70）

炜湛按：此片为松丸道雄所缀合，后著录于《新缀》第七十版。观其辛日卜夕，壬日卜田，癸日卜夕卜步，甲日又卜田，乙日则卜夕复卜田，五日之内反复贞问，饶有趣味。夜卜祸福日卜畋事，可谓优游岁月，无所事事也。

□丑卜，行贞：王其舟于滴，亡《？在八月。

□□卜，行〖贞〗：王其田〖于〗陴，亡〖《〗？（《后》上15·8）

以上诸辞辑入《殷考》卷十六，该卷并录"行贞舟"与"步"之卜辞三版（《前》2·26·2，《缀》168，《后》上13·3），似与田猎事无关而纯属盘游者。

三十一、允（何）

乙丑卜，允（或释"何"）贞：王其田，亡〖《〗？

□□卜，允〖贞〗：王其田，□（《京津》4520）

辛未卜，允贞：王往田丧（饶释"桑"），〖亡〗《？（《前》

4·41·4)

　　辛巳〖卜〗，允贞：王〖往〗田□
　　□□卜，允□其田□巛。(《契》394)
　　乙酉卜，允贞：王其田，亡巛？
　　壬辰卜，允贞：王其田，亡巛？(《前》3·26·3)
　　戊子卜，允贞：王其田，往来亡巛？在□月。
　　□□卜，允〖贞：王其〗田于□，〖往〗来亡巛？(《前》4·14·3)
　　□巳卜，允□不　□允贞：夕□雨。
　　戊子卜，王其田窑？(《前》6·30·7)

以上各辞辑入《殷考》卷十六。

　　戊申卜，允贞：王其田，亡巛？
　　壬子卜，允贞：王其田，亡巛？(《合》9·28433)
　　癸酉卜，允贞：王其往于田，亡巛？
　　丁丑卜，允贞：王其田，〖亡〗巛？(《怀特》S1135)

三十二、口

　　丙子卜，口贞：王其往于田，亡巛？在十二月。(《文录》726，可与该书725缀合，见《缀》172，《新缀》657)
　　□酉卜，口〖贞〗：〖王〗其田，往〖来〗亡巛？(《甲》1283)
　　贞：今□田，亡□？
　　□□〖贞〗：□征□？(《甲》1744，据屈释)

以上诸辞辑入《殷考》卷十七。

三十三、狄

　　乙丑卜，狄贞：今日乙，王其田，湄日亡巛？不遘大雨？大吉。(《甲》1604)
　　丁丑卜，狄贞：王其田斿，往？

丁丑卜，狄贞：王往戋，御？
丁丑卜，狄贞：王田（饶误为"其"），单？弗单？
丁丑卜，贞：王田，叀乙？
丁丑卜，贞：王田，叀丙？
丁丑卜，狄贞：王田，不遘雨？
丁丑卜，狄贞：其遘雨？
贞：乎北洮立（位）？
贞：勿已（祀）？
丁丑卜，贞：王其田于盂，令南立（位，此作动词用，盖谓布置田猎之处）？
丁丑卜，贞：王其射，获，御。（此卜问王其射而有所获，以为御祭之用，其吉否也。）
贞：弗单？（《甲》3919，《合》9·29084）

按此为大龟背甲，田猎卜辞中少见。释文从屈万里释，饶氏未录全。

丁亥卜，狄贞：其田爲，叀辛，湄日亡𢦏？不雨？（《甲》1650）
甲辰卜，狄贞：叀夒凡从，亡𢦏？（《京津》4449）
□□卜，狄［贞］：□☑兕（饶释"马"）田，［亡］𢦏？弗每？（《京津》4475）
□□卜，狄［贞：王］其田，□亡［𢦏］？（《京津》4441）
戊午卜，□贞：王其田，往来亡𢦏？
戊辰卜，狄贞：王其田，往来亡𢦏？
壬午卜，狄贞：王其田，往来亡戈？（《殷缀》24，《缀》349，《甲释》附078，《新缀》102，《合》9·28466）
□申卜，狄贞：王其田，往来亡𢦏？
戊午卜，狄贞：王其田，［往］来亡𢦏？（《粹》931）
壬子卜，狄贞：王其□劳？
壬子卜：王其田？
戊午卜，贞：王其田，往来亡𢦏？
庚申卜，贞：王叀麦麋逐？
庚申卜，贞：王勿利南麋？（"勿"下疑脱"逐"字）

庚申卜，狄贞：虫辛田？
庚申卜，贞：虫壬田？
庚申卜，狄贞：王虫斿麋用？吉。
辛未卜，狄贞：虫田？
辛未卜，狄贞：虫壬田？（《甲》3918）

按此版饶氏前后两次征引，相隔仅一页纸，所录卜辞多寡不同。

□午卜，狄贞：王其田□（《佚》294）
□□卜，狄〔贞：王〕其田，〔往来〕亡巛？吉。（《存真》1·73，《文录》733）
□卯卜，狄〔贞〕：王其田，往〔来亡巛〕？（《诚》327）

饶氏曰：其他狄卜"王其田，亡巛""王其田，往来亡巛"者，尚有《甲》1036、1173、1273、1335、1348、1530、1584、1657、1776、1901、1938、1953、2066、2072（按2066与2072此二片已缀为《殷缀》24）、2165、2169、2226、2729、2758及3865等。

□□卜，狄〔贞〕：□□田，牢？（《甲》1423，又《甲》1452，狄卜残存"牢"字）。
辛巳卜，狄贞：王其田，往〔来亡巛〕？（《佚》281）
丙寅卜、狄贞：盂田，其𠂤椒，朝又雨？（《佚》292）
辛亥卜，狄贞：王田盂，往来亡巛？
乙丑卜，贞：王其田，往来亡巛？（《佚》288）

按《佚》281、292、288为三块不同之腹甲，均属右半，不能缀合（《新缀》订讹56），饶氏据《缀》181视为一版，非。

□□卜，狄□盂田□（《甲》1354）
丁酉卜，狄贞：王田，于西立牢？吉。
□□卜，狄□：□牢？（《甲》1603）

按饶氏以"立"为人名，屈氏谓此"立"字当读为"位"："西位，盖谓田猎时阵于西方以伺兽之处也。《撷续》121 片云：'……王于东立逐出，卟？'亦田猎之辞，可以互证。"当以屈说为是。

甲辰卜，狄贞：王其田，叀翌日乙，亡𡆥？
甲辰卜，狄贞：叀翌日戊，亡𡆥？
甲辰卜，狄贞：叀壬，亡𡆥？
甲辰卜，狄贞：丯（弱）三卜，用敖？
甲辰卜，贞：王其田㘶盥？
丙辰卜，狄。
丙辰卜，狄贞。
丙辰卜，狄贞：勿争？吉。
丙辰卜，狄贞：争丫？
丙辰卜，狄贞：勿争？吉。
甲子卜，狄贞：王其田，亡𡆥？吉。
甲子卜，狄贞：王异其田，亡𡆥？
甲子卜，狄贞：王勿巳田？（《甲》3915，据屈释）

以上诸辞辑入《殷考》卷十七。

己巳卜，狄贞：王其田，亡𡆥？
己巳卜，狄贞：其田，不冓雨？
己巳卜，狄贞：王其田，叀辛，亡𡆥？
……
己巳卜，犬（狄）贞：王其田，叀乙，亡𡆥？
己巳卜，狄贞：其冓雨？
庚午卜，狄贞：王其田，叀乙，亡𡆥？吉。
……
庚午卜，狄贞：王其田于利，亡𡆥？吉。
壬申卜，狄贞：王其田衣，亡𡆥？吉。
……
乙巳卜，狄贞：王其田衣入，亡𡆥？吉。

……
戊午卜，狄贞：隹（"获"字之省假）兕，于大乙隹示？大吉。
戊午卜，狄贞：隹兕大丁隹示？吉。
戊午卜，狄贞：隹兕，于大甲隹示？（《甲》3914，《合》9·27146)

三十四、瑟

戊〔寅卜〕☐瑟：兽☐三日庚辰☐㊉眔萑☐获兕☐☐一豕百。（《京都》264，饶氏引作《京都》633，即《合》4·10425）

三十五、中彔

丁酉，中彔卜，在兮贞：在狁田，🗝，其㠯右人🗝，亡巛？不雉众？（《甲》2562）

此辞辑入《殷考》卷十七，略有脱误。屈万里考释曰："中彔"，贞人名。"兮"，地名，亦见690及2542片。"🗝"，当是与田猎有关之动词，亦未能知其音义。《粹》597片云："王乍三𠂤：右、中、左。"《前》三第31页2片云："叶马，左右中人三百。"又《后》下第8页6片云："贞：令中人。"《综述》（第513页）据此云："此可知三𠂤分左、中、右三队，所以有中人，右人之称。""㠯"，使也。"右人🗝"，谓右队之🗝人。盖此时之右队乃以🗝人组成者也。田猎与阵战相类，故亦有右人之称。《殷历谱》下卷九（第52页）以本辞为帝辛十一祀五月三日丁酉所卜。

三十六、车

戊辰卜，车：允畋贝，今㞢☐？（《乙》324）

饶氏曰："贝"为地名，疑即贝丘，此卜畋猎事。"车"本亦方国名。此辞辑入《殷考》卷十八。

三十七、更

　　戊午卜，更：阱，罕？允罕二☐。二月。
　　戊午卜，更：阱，弗其罕？
　　壬午卜：王其逐在万鹿，获？允获五。
　　壬午卜：王弗其获在万鹿？（《合》4·10951，《乙》7680）

《殷考》卷十八据《乙》7680 辑入二辞，且将"王弗其获在万鹿"之"鹿"移置"弗其罕"之下，误。

三十八、䪨

　　☐丑卜，䪨☐获☐不？（《乙》228）
　　丙子卜，䪨：罴，获☐（《乙》316）

以上二辞辑入《殷考》卷十八。饶氏曰：按"䪨"从旬从口，乃"䪨"字，《玉篇》"䪨，饮也"。《楚世家》有熊䪨，《史记》作"眴"。《集韵》十八谆：询、䪨、䪨一字。他辞云："☐子卜……贞：䪨……二月。"（《屯南》204）"䪨"殆人名。

附

补　遗

史

丙戌卜，史贞：令口射豕（?）☐（《合》4·10248，《京津》1463）

壬子卜，史贞：隹其皀鹿？（《合》4·10303）

丁巳卜，史贞：乎从口虎皀？十月。（《合》4·10917）

各期贞卜事类表

（十二）卜佃渔

卜　事	武　丁	祖庚祖甲（前后）	廪辛康丁（前后）
狩	㱿宾争亘㞢韦 㗊永自取彴我 𠂤子𫹉𫼦中	出彭豖	狄𣪍咰
罝	㗊		
射	㱿宾争永 勹我余	㣳	
刍	㱿宾争亘㞢余 𠂤子		
渔	㱿宾	大出	
田	宾争内韦泳 （永）𠂉子 冉坙	大出㣳彭旅即 尹行㞢口	狄
焚	宾		

说明：录自《殷考》卷二十附录三“各期贞卜事类表”。

有关引用书目及简称[①]

甲骨文合集（合）　　　　　殷虚卜辞综述（综述）
甲骨续存（续存）　　　　　殷契佚存（佚）
甲骨六录（六录）　　　　　殷契粹编（粹）
甲骨文录（文录）　　　　　殷契遗珠（珠）
甲骨叕存（叕存）　　　　　殷契卜辞（契）
甲骨缀合编（缀）　　　　　殷契拾掇（掇）
甲骨缀合新编（新缀）　　　殷契摭佚续编（摭续）
甲骨卜辞七集（七集）　　　殷代贞卜人物通考（殷考）
小屯南地甲骨（屯南）　　　卜辞通纂（通纂）
殷虚文字甲编（甲）　　　　簠室殷契征文（簠）
殷虚文字乙编（乙）　　　　天壤阁甲骨文存（天）
殷虚文字丙编（丙）　　　　邺中片羽初集二集三集（邺）
殷虚文字外编（外）　　　　龟甲兽骨文字（龟）
殷虚文字甲编考释（甲释）　诚斋殷虚文字（诚）
殷虚文字丙编考释（丙释）　铁云藏龟（铁）
殷虚书契菁华（菁华）　　　铁云藏龟新编（新编）
殷虚书契（前）　　　　　　铁云藏龟拾遗（铁遗）
殷虚书契后编（后）　　　　战后京津新获甲骨集（京津）
殷虚书契续编（续）　　　　战后宁沪新获甲骨集（宁沪）
殷虚文字缀合（殷缀）　　　战后平津新获甲骨集（平津）
殷虚文字存真（存真）　　　战后南北所见甲骨录（南北）
殷虚卜辞（明）　　　　　　美国所藏甲骨录（美录）
殷虚卜辞后编（明后）　　　法国所藏甲骨录（法录）

[①] 括号内为简称。

英国所藏甲骨集（英集）
京都大学人文科学研究所藏甲骨文字（京都）
东京大学东洋文化研究所藏甲骨文字（东京）
天理大学附属天理参考馆藏品甲骨文字（天理）
怀特氏等收藏甲骨文集（怀特）
金璋所藏甲骨卜辞（金）
福氏所藏甲骨文字（福）
库方二氏所藏甲骨卜辞（库）
明义士收藏甲骨（安明）

后　记

　　本书是在分期断代的基础上对甲骨文做分类研究的一个尝试。

　　1981年9月，中国古文字研究会在山西太原举行第四次年会，我将完稿不久的《甲骨文简论》的最后一章"甲骨文研究的过去、现状及今后的展望"作为论文提交大会讨论。在谈到对今后甲骨文研究的展望与设想时，我提出了八个方面的问题。其中，第四个方面便是："在断代的基础上，对各类卜辞分别进行研究。研究甲骨文，董作宾提出断代研究与分派研究，饶宗颐主张分人研究，各有鸿篇巨著，令人钦佩。今后应在分期断代、分人研究的基础上，对甲骨文做通盘的整理，分门别类地进行研究，并借以探讨有关的问题。"我提出这一设想，是基于这样的考虑：由郭沫若主编、胡厚宣负责编辑的大型学术巨著《甲骨文合集》已陆续出版，可资研究的甲骨文原材料已相对集中，且经断代、缀合、去重、剔伪，足可放心使用；工具书方面，岛邦男《殷墟卜辞综类》亦足资参考。简言之，对甲骨文做分门别类的通盘整理，客观条件已大体具备。

　　分类研究甲骨文，粗看起来，一个或若干个研究者只是对某类甲骨文做研究，并不全面；但是，若有众多研究者分别对各类内容的甲骨文在分期断代的基础上进行研究，综合起来，便是很全面的了，其成绩必很可观了。而且，就某类卜辞而言，对它的研究却是既全面又深入的。由于以分期断代为基础或云前提，这研究便有时代观念；又由于所研究的是这类刻辞的全部（当然是就目前已刊布者而言），这研究便有全局观念，避免片面性，更不致仅据碎片残辞立论发挥。而且，既然是全面的研究，当然也包括了文字考订、卜辞释读、辞例推勘比较、文献印证等方面的问题，必须是深入的。所以，分类研究这一设想，在理论上是完全成立的。但可贵的不是设想，而是实践——扎扎实实的研究。

　　《甲骨文简论》一书脱稿后，如何实践自己在书中提出的一些学术主张，特别是分类研究的设想，便成了我经常思索的问题。思索的结果是，自己先选取一类刻辞——比较有趣的田猎刻辞开展研究（这里所说的田猎刻辞是广义的，也包括关于"渔"的卜辞）。1983年，中山大学成立以李华钟教授为主任的高等学术研究中心，由以杨振宁教授为主席的香港中山大学高等学术研究中心基金会给予资助。基金会资助中山大学四个基础学科的研究，古文字学即为其中之一。我的这一研究课题有幸成为研究中心基金会首批资助项目之一，这对我的研究工作起了极大的鼓舞和推动作用。

这项研究从1983年秋着手进行，到1987年春基本结束。本书中的《有关甲骨文田猎卜辞的文字考订与辨析》）曾于1986年在中国古文字研究会第六次年会（山东长岛）上宣读，《甲骨文各期田猎刻辞概述》）曾于1987年在中国殷商文化国际研讨会（河南安阳）上宣读。

从本书完成初稿到1995年由广西教育出版社出版，我校先后有三届四位硕士研究生为其出力：1987年，由谭步云同学缮写书稿之概述、释文、辑录等；1988年年初，由郑谦等同学按出版社要求粘贴摹本；1994年12月，由小儿望南将书稿的文字部分输入电脑，由项昌贵同学负责仿造甲骨文原形字。谭、郑、项三人都是汉语文字学专业的研究生，望南则是中国文学批评史专业的研究生。从某种意义上说，本书实是我校两代学人共同努力的结晶。

2017年开始，中山大学中文系便组织编纂出版"中国语言文学文库"，本书有幸列入"中国语言文学文库·典藏文库"，乃由中山大学出版社重加编辑，并校正讹误、调整图版（但有关时间的表述、有关事件的陈述等均以初版时间为依据），遂得以新的面貌呈现于读者面前。

在本书即将由中山大学出版社出版之际，虽然时隔30多年，我依然衷心感谢中山大学高等学术研究中心。我还要感谢日本东京大学松丸道雄教授。1980年秋在举行于四川成都的中国古文字研究会第三次年会期间，我初识松丸教授，冒昧地向他索要其《田猎地》一文。松丸教授归国后，很快地把论文寄赠了我。兹后我又陆续收到他寄赠的《东京大学东洋文化研究所藏甲骨文字》等论著多种。虽然在个别具体问题上我与松丸教授的见解不尽一致，但这毫不影响我们两国学者在学术交流中所结成的友谊。

虽然时隔20多年，我依然要衷心感谢台湾学者钟柏生先生。1992年冬，在江苏南京举行的中国古文字研究会第九次年会期间，我初识钟柏生先生；1993年10月，在香港举行的第二届国际中国古文字学学术研讨会上，与钟先生再度相遇。说来惭愧，两次见面，我都不知钟先生著有《殷商卜辞地理论丛》一书。直至第二年秋天，我拜读饶宗颐先生主编、沈建华女士编辑之《甲骨文通检》第二册《地名》中方从饶先生的"前言"才得知，钟先生此书早已于1989年由艺文印书馆出版。于是，我驰书求取。我随即收到了钟先生通过艺文印书馆寄赠的《殷商卜辞地理论丛》一书，犹如雪中得炭。由于及时读到此书，使我得以重新考虑田猎地名及田猎中心的问题，增删旧稿，避免不少错漏。虽然在一些田猎地名的认定上，我与钟先生的意见不尽一致，但这毫不影响我们海峡两岸学者在学术交流中发展起来的友谊。

在本书再度面世之际，我更加怀念把我领上学术研究的道路、不断给我以指导与鼓励的导师商师锡永先生。《甲骨文简论》脱稿后，八十高龄的商师以半月之力审阅全稿，并欣然命笔，题签作序，予以鼓励。商师序文最后说："以炜湛之好学深思，刻苦钻研，必能实践其研究计划，达到既定之目的。他日所得，必将有进于此《简论》者，我虽不敏，亦将濡笔以序之。"今重温此言，倍感亲切，是编之作，或稍可告慰于吾师在天之灵。

我愿再次强调，尽管此书曾蒙选堂饶公垂青并谓"文字考订有若干新说，又有刻辞选粹摹释，为新刊最详尽之殷代田狩专著"，尽管鄙说屡蒙有关学者首肯并征引，尽管此书曾于1999年荣获中山大学老教师学术专著奖，但它依然只是在分期断代基础上对甲骨文做分类研究的一种尝试。我今垂垂老矣，于此项研究实已无力赓续，唯寄望于年青一代，期望有志于斯学者继往开来，不断开辟，开拓新领域，取得新成就。

陈炜湛
2018年8月24日